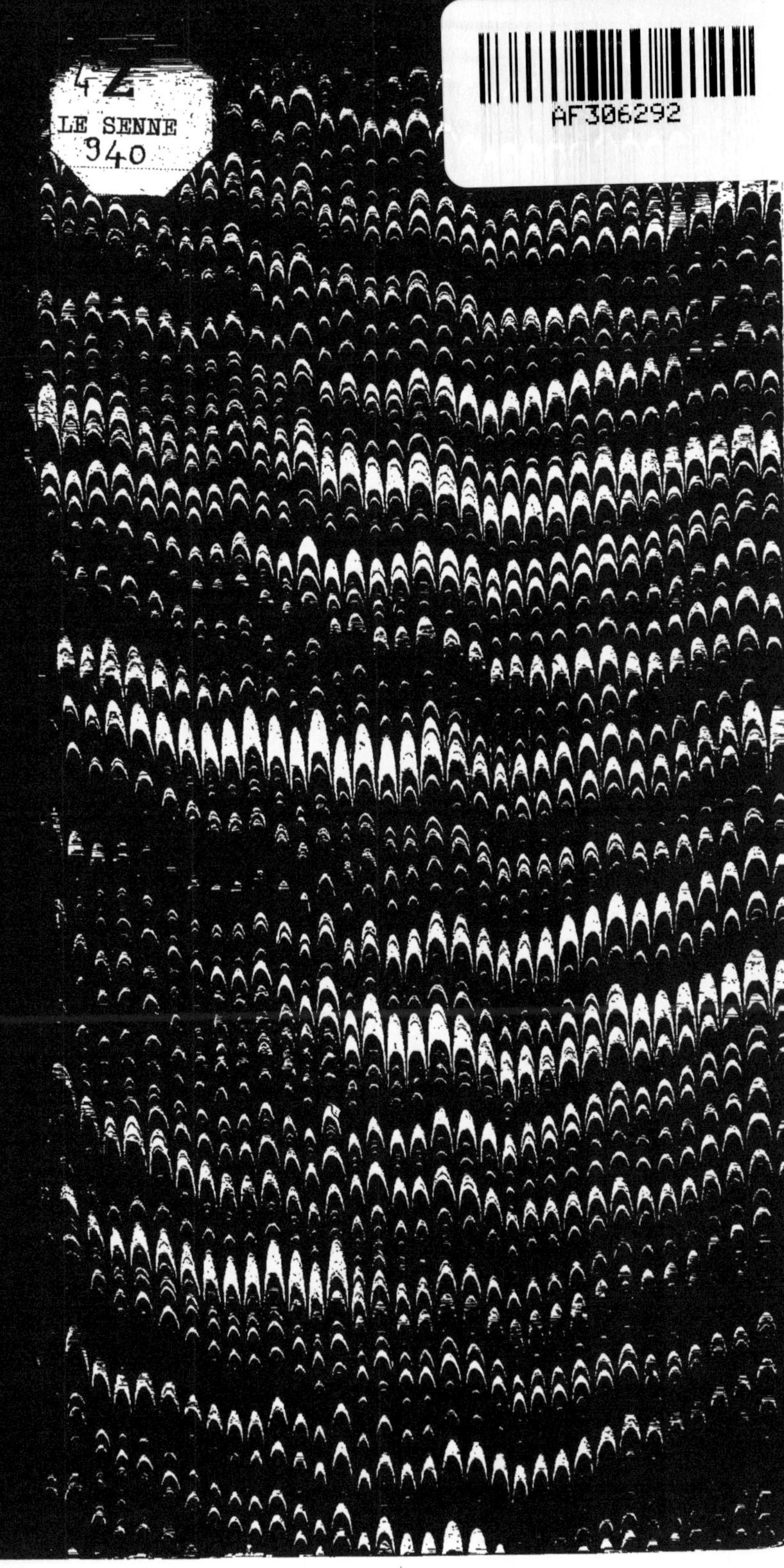

LE

CENTENAIRE DE L'INSTITUT

LE

CENTENAIRE DE L'INSTITUT

1795-1895

(25 OCTOBRE)

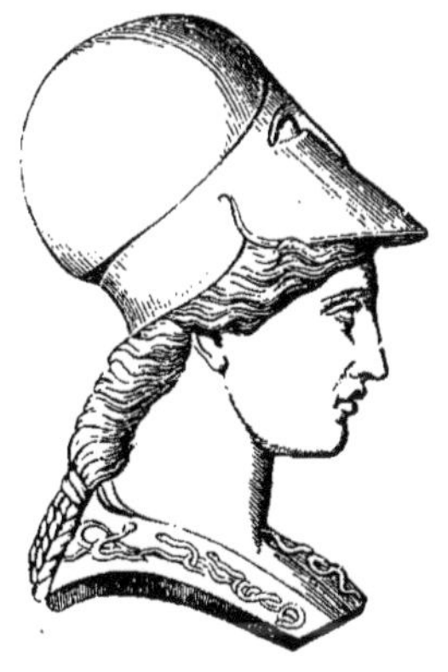

PARIS

TYPOGRAPHIE DE FIRMIN-DIDOT ET CIE

IMPRIMEURS DE L'INSTITUT DE FRANCE, RUE JACOB, 56

M DCCC XCVI

LE
CENTENAIRE DE L'INSTITUT

———

Le 3 brumaire an IV (25 octobre 1795) un décret de la Convention nationale a fondé l'Institut.

Les cinq académies, dans leur réunion du 15 mai 1895, ont décidé de célébrer le centième anniversaire de cette fondation. On s'est résolu à convoquer à Paris, avec les membres de l'Institut, les associés et les correspondants de la France et de l'étranger.

———

Se sont rendus à l'appel de l'Institut **MM.** les Associés étrangers et correspondants dont les noms suivent :

ACADÉMIE DES INSCRIPTIONS ET BELLES-LETTRES

Associés étrangers.

MM. Ascoli
  Helbig

MM. Müller (Max)
  Stokes (Whitley)

Correspondants.

MM. Bailly
  Bayet.
  de Beaurepaire
  Bladé
  Champoiseau
  Chevalier

MM. Comparetti
  De Goeje
  Le R. P. Delattre
  Le R. P. de Smedt
  Evans (John)
  Gomperz

Correspondants.

MM. Joret
Kern
Merlet
Naville (Édouard)

MM. Radloff
Saige
Sauvaire

ACADÉMIE DES SCIENCES

Associés étrangers.

M. Frankland

Lord Kelvin

Correspondants.

MM. Amagat
Arloing
Backlund
Bergh
Bichat
Brioschi
Cannizzaro
Considère
Crova
Sir Archibald Geikie
Gosselet
Grand'Eury
Haller
Herrgott
Houzeau
Kowalevski
Laveran
Lépine
Lie (Sophus)
Lockyer
Marès

MM. Marion
Masters
Millardet
Ollier
Pagnoul
Ramsay
Raoult
Rayet
Retzius
Sir Henry Roscoë
Sabatier
Sire
Sirodot
Stephan
Stokes (Georges-Gabriel)
Suess
Sylvester
le général de Tillo
Treub
Vallier

ACADÉMIE DES BEAUX-ARTS

Associés étrangers.

MM. Alma Tadema | M. Gevaërt
Da Silva |

Correspondants.

MM. Biot | MM. Lanciani
Civiletti | Le Breton
Cui | Marionneau
Cuypers | Martenot
Dauban | Perrin
Le baron de Geymüller | Ronot
Gouvy | Salinas
Guffens | Salmson
Israels | De Vriendt
| Wauters

ACADÉMIE DES SCIENCES MORALES ET POLITIQUES

Associé étranger.

M. Calvo (Carlos)

Correspondants.

MM. Babeau | MM. Legrand
Barckhausen | le comte de Luçay
Bertrand | De Molinari
Bodio | Moynier
Caillemer | Sir Frederick Pollock
Ducrocq | Raffalovich
Ferrand | Villey Desmeserets
Lallemand | Worms
Lecky |

Se sont excusés :

ACADÉMIE DES INSCRIPTIONS ET BELLES-LETTRES

Associés étrangers.

MM. Curtius	MM. de Sickel
Mommsen	Weber

Correspondants.

MM. Blancard	MM. le marquis de Nadaillac
Bœhtlingk	Neubauer
Bretschneider	Schuchardt
Bühler	Tamizey de Larroque
Chabaneau	Sir Edward Thompson
de Grandmaison	Tobler
Hanoteau	Wattenbach
Hirschfeld	Windisch
Mehren	

ACADÉMIE DES SCIENCES

Associés étrangers.

Sir Joseph Lister	M. Weierstrass
M. Newcomb	

Correspondants.

MM. Agardh	MM. Engelmann
Agassiz	Fuchs
Auwers	Gould
de Baeyer	Gylden
Beltrami	Hall
Blondlot	Flower
Clos	Sir J. Dalton Hooker

Correspondants.

MM. Huggins
Kékulé
Langley
Sir John Lawes
Lechartier
Matheron
le baron von Mueller
Sir James Paget
Prestwich

Lord Rayleigh
MM. Reboul
le baron de Richthofen
Rowland
Salmon
Schwarz
le baron de Teffé
Virchow
Wiedemann

ACADÉMIE DES BEAUX-ARTS

Associés étrangers.

Lord Leighton

M. Pradilla

Correspondants.

MM. Burne-Jones
Carapanos
Deffès
De Engerth
Grieg
Leenhoff
Macbeth

MM. Magaud
Massarani
Monteverde
Révoil
Rondot
Sgambati
Waterhouse

ACADÉMIE DES SCIENCES MORALES ET POLITIQUES

Associés étrangers.

MM. le chevalier d'Arneth
Castelar

MM. Naville (Jules-Ernest)
Reeve

Correspondants.

<table>
<tr><td>MM. Aschehoüg</td><td>MM. Goschen</td></tr>
<tr><td>Aubertin</td><td>D'Olivecrona</td></tr>
<tr><td>le prince Georges Bibesco</td><td>Périn</td></tr>
<tr><td>Bryce</td><td>Pobedonostzeff</td></tr>
<tr><td>Chaignet</td><td>Polovtsoff</td></tr>
<tr><td>Conrad</td><td>Right Rev. Stubbs</td></tr>
<tr><td>du Puynode</td><td>Unger</td></tr>
<tr><td>Ferraz</td><td>Walker</td></tr>
<tr><td>Flint</td><td>Wells</td></tr>
</table>

MERCREDI 23 OCTOBRE

L'Institut s'est réuni dans les salles des séances ordinaires.

Les membres des bureaux des diverses académies ont reçu les associés et correspondants et leur ont souhaité la bienvenue.

Le soir M. le Ministre de l'Instruction publique, des Beaux-Arts et des Cultes a donné, dans son hôtel, à l'occasion du centenaire, une fête à laquelle s'étaient rendus de nombreux invités.

Le programme suivant leur a été distribué :

PREMIÈRE PARTIE

Air d'*Aben Hamet*. . . . . Th. Dubois.
    M. Bouvet.

Arioso de *Patrie*. . . . . Paladilhe.
    M. Delmas.

Duo de *Sigurd*. . . . . E. Reyer.
    Mᵐᵉ Caron, M. Alvarez.

Air d'*Hérodiade* . . . .   MASSENET.
Mlle CALVÉ.

Le Gué, poésie . . . .   SULLY PRUDHOMME.
M. WORMS.

Stances de *Lakmé*. . . . .   LÉO DELIBES.
M. BOUVET.

LA NUIT D'OCTOBRE

D'ALFRED DE MUSSET

Mlle BARTET. . . . .   La Muse.
M. MOUNET-SULLY . . . .   Le Poète.

DEUXIÈME PARTIE

Scène et Valse de *Gretna Green* .   E. GUIRAUD.

LE JEU DE L'AMOUR ET DU HASARD

DE MARIVAUX

(Scènes)

Mmes REICHENBERG. . . . .   Lisette.
BLANCHE BARETTA. . . . . . .   Sylvia.
MM. COQUELIN Cadet . . . .   Pasquin.
LE BARGY. . . . .   Dorante.

Couplets de *Psyché*. . . . . . .   AMBROISE THOMAS.
M. FUGÈRE.

Les Fées . . . .   C. SAINT-SAENS.
Mlle DELNA.

Trio de *Faust*. . . . .   CH. GOUNOD.
Mme CARON, MM. DELMAS et ALVAREZ.

L'Orchestre de l'Opéra était dirigé par M. PAUL TAFFANEL.

JEUDI 24 OCTOBRE

Le matin, à 10 heures, les associés et correspondants étrangers se sont rendus à l'Élysée et ils ont été présentés par les secrétaires perpétuels des diverses académies à M. le Président de la République.

A 1 heure 1/2 les membres et les correspondants de l'Institut se sont réunis dans la grande salle de la Sorbonne où étaient rassemblés les députations des corps savants et les membres des Facultés et des Écoles.

M. le Président de la République est arrivé à 2 heures; il a été reçu par M. le Ministre de l'Instruction publique, le bureau de l'Institut et les secrétaires perpétuels; il est entré au son de la *Marseillaise* et a pris place sur l'estrade, accompagné du corps diplomatique, des membres du gouvernement et des représentants de la magistrature, de l'armée et de l'administration.

M. Ambroise Thomas, président de l'Institut, a ouvert la séance par les paroles suivantes :

Monsieur le Président,

Messieurs,

Dans cette solennité du centenaire de l'Institut qui nous réunit aujourd'hui, pourquoi la place que j'occupe n'est-elle pas remplie par un orateur, un historien ou un savant?

Nos règlements ont voulu que chacune de nos Académies présidât pendant une année, à tour de rôle et dans un roulement déterminé, l'Institut tout entier.

C'est à cette tradition que je dois l'honneur d'ouvrir cette séance ; ce grand honneur m'impose surtout le devoir d'être bref.

Je salue, au nom de tous, le chef de l'État et les membres du Gouvernement qui nous honorent de leur présence ; je souhaite la bienvenue à nos confrères, messieurs les membres associés étrangers, et à messieurs les correspondants étrangers et français, qui se sont empressés de répondre à notre appel.

Chaque année, à la séance publique des cinq classes de l'Institut, il est d'usage que le président, dans son discours d'ouverture, rappelle, ne fût-ce que succinctement, les origines et le passé de l'Institut. Il eût donc été naturel que cet exposé traditionnel fût fait aujourd'hui avec plus de développement. Je ne me suis pas cru le droit d'entreprendre ce morceau d'histoire. Les éminents orateurs qui vont me succéder vous parleront, Messieurs, du prodigieux mouvement qui s'est poursuivi en France depuis cent ans dans le domaine des lettres, des sciences et des arts. Mais ne puis-je, dès ce moment, affirmer que les merveilleuses découvertes de la science, réalisées de notre temps, seront l'éternel honneur de ce xixᵉ siècle qui va finir? Hélas! pourquoi ne voyons-nous pas au milieu de nous l'illustre savant, le grand homme que la France vient de perdre et auquel le monde entier vient de rendre un solennel hommage?

Ces orateurs tiendront aussi à rappeler à votre mémoire bien des noms illustres ; ils feront apparaître à vos yeux quelques-uns des plus glorieux représentants de la pensée française ; ceux enfin qui, par la parole, par leurs écrits, par tant de chefs-d'œuvre, ont consacré à jamais et avec le plus d'éclat cette grande et noble fondation qui se nomme l'Institut de France.

L'orchestre et les chœurs, dirigés par M. Taffanel, ont exécuté l'ouverture et le premier chœur de *Joseph*, de Méhul, le premier de tous les musiciens qui aient fait partie de l'Institut.

M. Jules Simon a ensuite prononcé le discours suivant :

Messieurs,

Quand le général Bonaparte prit le commandement de l'armée d'Égypte, il signa aussitôt de la façon suivante ses proclamations et ses ordres : « Bonaparte, général en chef, membre de l'Institut, » — « bien sûr, disait-il, d'être compris du dernier tambour ».

L'Institut n'avait pas trois ans. Il a fait depuis ce temps-là quelque bruit dans le monde. Je ne puis donc me flatter d'apprendre à personne sa courte et glorieuse histoire. Je la résumerai en quelques mots pour nous en instruire.

Les grandes assemblées qui prirent en mains le sort de la France à la fin du xviiie siècle eurent dès leur premier jour l'instinct révolutionnaire. Elles ne se proposèrent pas pour but de conserver les institutions existantes en les améliorant et en les purgeant de leurs abus; elles firent partout table rase, et quand elles eurent tout renversé, elles s'occupèrent, en liberté, de tout reconstruire.

Les académies avaient largement contribué à l'avènement de la Révolution. A peine eut-on passé de la théorie à l'action qu'elles trouvèrent qu'on allait trop loin. Elles avaient voulu réformer; on ne songeait plus autour d'elles qu'à détruire. La Révolution, de son côté, fit comme toutes les révolutions : elle oublia ce qu'on lui avait donné et s'irrita de ce qu'on lui refusait.

Elle se borna d'abord à des mesures malveillantes.

L'Assemblée constituante vota avec hésitation et provisoirement pour une année, en accompagnant son vote d'aigres reproches, les subventions que le Comité des Finances demandait pour les corps littéraires (1). La Convention frappa les grands coups. Elle défendit d'abord de pourvoir aux sièges vacants, et enfin, en août 1793, elle supprima « toutes les académies et sociétés littéraires patentées par la nation ».

On a souvent remarqué que cette même Révolution qui avait supprimé toutes les académies créa l'Institut, qui est une académie. Ce n'est pas versatilité dans les assemblées. La pensée de créer de toutes pièces une académie nouvelle était contemporaine de la résolution prise d'en finir avec les académies anciennes.

L'Assemblée constituante avait chargé Mirabeau de lui soumettre le plan d'une académie nationale. Mirabeau appela Chamfort qui était en querelle avec l'Académie française. Chamfort écrivit une violente diatribe et prépara un projet que Mirabeau n'eut pas le temps de lire à la tribune.

Les projets se multiplièrent sous la Convention. Condorcet, d'Alembert, Daunou, Talleyrand, tous ceux qui avaient le souci des grandes choses, apportèrent leur contribution. On dit que Talleyrand accepta la paternité d'un projet entièrement rédigé par l'abbé Desrenaudes, qu'il avait eu pour vicaire général à Autun et que nous avons connu membre du Conseil de l'Instruction publique. Talleyrand était de ceux qui peuvent se passer d'un secrétaire; mais la tradition est ancienne et persistante.

Tous les auteurs de projets ont réclamé à l'envi le titre glorieux de fondateurs de l'Institut. La vérité historique exige que l'on écrive un autre nom en tête de cette liste d'honneur, et ce nom est celui de Richelieu, fondateur de l'Académie française.

Nous sommes plus justes aujourd'hui que ne l'ont été nos pères. Notre admiration pour les grandes œuvres de la Révolution ne nous cache pas les gloires de la monarchie, qui sont les gloires de la France. Nous fêtons le centenaire de l'Institut

(1) Pour l'Académie française, 25 217 livres, plus 1 200 livres pour un prix à donner; pour l'Académie des Belles-Lettres, 43 908 livres; pour l'Académie des Sciences, 93 458 livres; ces deux Académies devaient aussi décerner chacune un prix de 1 200 livres.

de France, mais il ne nous en coûte pas d'associer à l'honneur de cette journée le fondateur ou les fondateurs des académies dont l'Institut a reçu l'héritage, Louis XIII et Louis XIV, Richelieu, Séguier, Colbert. L'Institut existe depuis le 25 octobre 1795; mais les académies qui le composent remontent à 1635. Assurément l'Institut de France, depuis sa fondation, compte dans ses rangs un nombre considérable d'hommes illustres. J'en veux citer quelques-uns, avec le regret de ne pas les citer tous: Chateaubriand, Lamartine, Victor Hugo, Alfred de Musset, Alfred de Vigny, Guizot, Cousin, Thiers pour l'Académie française; Monge, Berthollet, Lagrange, Laplace, Lavoisier, Fresnel, Ampère, Arago, Cuvier, Geoffroy Saint-Hilaire, Cauchy, Chasles, Claude Bernard pour l'Académie des Sciences; Daunou, Victor Le Clerc, Littré, Boissonade, Hase, Naudet, Burnouf pour l'Académie des Inscriptions; Louis David, Ingres, Delacroix, Gounod, Meissonier, David (d'Angers) pour l'Académie des Beaux-Arts.

J'avais arrêté là cette liste de nos gloires contemporaines pour obéir à la loi qui m'est imposée de ne prononcer le nom d'aucun vivant; faut-il que je doive aujourd'hui ajouter le nom d'un homme que j'ai connu il y a plus de cinquante ans, à l'École normale où il était élève, où j'étais professeur, qui était notre ami à tous, car on ne pouvait le connaître sans l'aimer, et qui était avant tout l'ami et le bienfaiteur de l'humanité : le nom immortel de Louis Pasteur? Les voûtes de cette salle gardent l'écho des acclamations qui l'accueillirent quand il vint, à cette place même, recevoir les hommages du monde savant. L'humanité, ce jour-là, fut reconnaissante et juste.

Ainsi l'Institut de France a eu, dès son premier siècle, une magnifique floraison de grands hommes. Nous sommes fiers de nos gloires nouvelles; mais nous gardons pour nos gloires séculaires un culte reconnaissant et filial. Nous ne renonçons ni à Corneille et Racine, ni à Boileau, ni à La Fontaine, ni à Bossuet, ni à Voltaire, ni à Montesquieu, ni à Buffon, ni à Clairaut, ni à d'Alembert, ni à Huyghens, ni à Mariotte, ni à Mabillon, ni à Rollin, ni à Turgot, ni à Lebrun, ni à Mignard, ni à Lesueur, ni à Philippe de Champaigne, ni à Mansart, ni à Soufflot.

Messieurs, le drapeau aux trois couleurs est toujours pour nous « le drapeau chéri »; c'est l'astre de la liberté et de la civilisation; mais nous suivons avec amour et orgueil le drapeau blanc fleurdelisé remontant les âges jusqu'au siècle qui fut le grand siècle et qui reste par excellence le siècle français.

C'est le 29 janvier 1635 que l'Académie française reçut sa consécration officielle. L'Académie des Beaux-Arts eut le même honneur en 1648, l'Académie des Inscriptions en 1663 et l'Académie des Sciences en 1666.

Il ne suffit pas d'avoir restitué la création des académies à Louis XIII et à Richelieu, il faut remonter jusqu'à Conrart. La première en date, l'Académie française, est, comme beaucoup de grandes choses, due à l'initiative privée. Conrart n'était rien. Il n'est rien devenu. Il n'est célèbre que par son silence : un genre de célébrité créé tout exprès pour lui par Boileau. C'est lui qui eut l'idée de donner un règlement à une compagnie qui se réunissait tour à tour chez chacun de ses membres pour parler de littérature. Ils étaient neuf en le comptant. De petits hommes, dit Voltaire, d'un ton dédaigneux. Des hommes obscurs, dit-il ensuite en parlant des premiers académiciens, au nombre de vingt-huit, qui reçurent ce titre après les lettres royales de 1635. Sans doute on n'eut pas sur-le-champ un Corneille ou un Racine à introduire dans l'Académie. Il fallut attendre douze ans pour Corneille, trente-six ans pour Bossuet, trente-sept ans pour Racine, quarante-neuf ans pour La Fontaine et Boileau. L'assemblée se garnissait de grands hommes peu à peu. Elle ne devait jamais avoir quarante grands hommes. Aucune assemblée en aucun temps et chez aucun peuple ne pourra en avoir à la fois qu'un nombre très limité. Ceux que Voltaire appelle de petits hommes ne sont peut-être pas aussi petits qu'il le croit. Ils semblent petits à la postérité; ils étaient grands pour leurs contemporains. Apprenons, ne fût-ce que par prudence, à respecter les hommes d'élite qui ne sont ni des Voltaire ni des Molière. On ne peut pas, et on ne doit pas se tromper sur les hommes de génie ; on peut hésiter sur le choix entre les hommes vraiment supérieurs sans être grands, ceux que j'appellerai les hommes distingués dans le genre médiocre.

C'est un honneur pour la société éclairée du xviie siècle d'avoir sur-le-champ attaché de l'importance à cette réunion de quelques hommes de goût, qui ne s'occupaient entre eux ni de religion ni de politique, et parlaient uniquement des lettres et des ouvrages de l'esprit. L'amour des lettres est resté un des caractères de notre génie national. Dès que le public fut admis aux réceptions de l'Académie française, il y courut. Quand elle ouvrit en 1702 ses portes aux femmes pour ces jours-là, les femmes affluèrent. L'Académie n'a eu garde de renoncer à cet usage qui a pris avec le temps plus de solennité. Une réception à l'Académie est, par excellence, un événement parisien. Il faut y avoir assisté ; il faut avoir son avis sur les deux discours. On attache moins d'importance aux séances les plus passionnantes de la Chambre. La fameuse coupole est un instrument de torture ; on y étouffe, on y perd connaissance. Ces femmes évanouies sont un accroissement de succès pour les deux orateurs. Elles font penser aux corridas espagnoles, qui ne sont admirables, au dire de leurs ennemis, que quand un toréador a été tué.

On parla de la société de Conrart au cardinal de Richelieu. Il avait l'instinct du grand et du stable. Il jugea que cette compagnie pouvait devenir une institution. Il offrit aux amis de Conrart de reconnaître officiellement l'existence de leur association. Ce fut à peu près tout ce qu'il offrit ; « des privilèges honorables, dit Voltaire, aucun d'utile, son fondateur ne lui ayant même pas procuré une salle d'assemblée ».

En réalité, il ne rendait à l'Académie d'autre service que de ne pas l'ignorer, mais il pensa, et tout le monde pensa avec lui, que puisqu'il ne l'ignorait pas, il la gouvernait. Plusieurs des amis de Conrart hésitèrent. Ce qu'ils avaient cherché, c'était la liberté, on leur offrait l'assujettissement. Cette résistance ne pouvait durer ; on ne résistait pas au roi, ni au cardinal, qui était le roi. Refuser une grâce qu'ils offraient, c'était plus que résister, c'était désobéir. On céda, on remercia. On exalta le roi et le grand ministre Richelieu qui promettait de protéger.

Il y eut une autre difficulté à la création officielle de l'Académie. Le Parlement aussi eut la velléité de résister. On sait que l'enregistrement était alors nécessaire pour donner efficacité aux décisions royales. Le Parlement pouvait retarder, il pouvait faire des observations et même des remontrances. A la fin, dans les grandes occasions, on avait raison de lui par un lit de justice. On n'alla pas jusqu'à ces extrémités pour la transformation des réunions de Conrart en Académie royale; mais le Parlement manifesta sa mauvaise humeur par un retard d'un an. Le cardinal fut obligé de faire entendre qu'il voulait être obéi.

On a cherché la cause de cette mauvaise volonté du Parlement. Il ne s'agissait pas de la création d'une cour souveraine, mais « de simples peseurs de syllabes et de jurés fabricateurs de mots », comme disaient les mauvais plaisants de l'époque.

Le Parlement, suivant Voltaire, craignit que l'Académie ne s'attribuât quelque juridiction sur la librairie, et ajouta cette clause aux lettres patentes du roi : « L'Académie ne connaîtra que de la langue française et des livres qu'elle aura faits ou qu'on exposera à son jugement. »

Je crois plutôt que le Parlement craignait pour l'autorité qu'il s'attribuait en matière religieuse et philosophique. La question des académies touchait à la question des écoles. La théologie était tout près; plus l'autorité du Parlement était contestée en matière religieuse, plus il s'en montrait jaloux. Il obéissait dans toute cette affaire au même esprit qui inspira plus tard la réforme de l'Université par le président Rolland.

Le roi, et je parle ici de Louis XV autant que de Louis XIV et de Louis XIII, fut constamment pour les académies un bon maître, mais un maître. Les élections durent être soumises à son approbation; c'est un droit qui a toujours été conservé au pouvoir public; il existe encore aujourd'hui. Louis XIV l'exerça une fois dans une occasion très éclatante. Il voulait l'élection de Boileau ; l'Académie élut La Fontaine. Le roi refusa son approbation. L'Académie s'empressa d'élire Boileau à la première vacance. « A présent, dit le roi, vous pouvez procéder à la réception de La Fontaine. »

Le roi intervint aussi, mais bien rarement, dans les travaux de l'Académie. C'est lui, ou plutôt c'est Richelieu, auteur de la tragédie de *Mirame*, qui prescrivit cet examen du *Cid* inventé pour exalter la gloire du cardinal et dont le résultat fut de montrer dans tout son éclat la gloire de Corneille. Voltaire, au siècle suivant, sous prétexte d'impartialité et en mêlant l'apothéose à la critique, essaya la même entreprise et aboutit au même résultat.

Les académiciens, un moment détournés de leur travaux plus paisibles, revinrent au Dictionnaire. On ne manqua pas sous la Révolution de leur reprocher de n'avoir fait ni la Grammaire, ni la Poétique que le roi attendait d'eux et d'avoir mené trop lentement le travail du Dictionnaire.

L'Académie n'était pas si coupable qu'on le croyait. Des trois objets confiés à ses soins, elle avait choisi le Dictionnaire, qui rendait à la langue le double service d'en fixer les termes et d'en expliquer les règles par des exemples empruntés aux meilleurs écrivains.

Le Dictionnaire avançait lentement. Cette lenteur fait sa force. Les variantes qu'il enregistre ont toutes été jugées et consacrées par le temps, avant de recevoir cette confirmation officielle.

Le Dictionnaire est à lui seul toute l'Académie française. A notre langue essentiellement souple et vivante, qui exprime avec facilité les passions et les idées à mesure qu'elles se renouvellent et qui suffit, sans néologismes, à l'exposition et à la démonstration des découvertes scientifiques, il donne la solidité et la majesté des deux langues qui ont successivement incarné la Grèce et Rome.

Louis XIV voulait qu'il y eût une langue de Louis XIV comme il y avait une langue de Périclès et une langue d'Auguste, et il revendiquait pour lui-même l'honneur de cette pensée lorsqu'il disait : « Le soin des Lettres et des Beaux-Arts ayant toujours contribué à la splendeur des États, le feu roi, notre très honoré seigneur et père, ordonna en 1635 l'établissement de l'Académie française pour porter la langue, l'éloquence et la poésie au point de perfection où elles sont enfin parvenues sous notre règne. »

Je n'ai garde d'insister ; je dis la pensée de Louis XIV et de ceux qu'on appelait dès lors les Quarante.

Notre admiration pour nos chefs-d'œuvre et notre langue ne nous empêchent pas d'admirer la gloire des autres nations. Nous nous sommes associés au centenaire de Shakespeare ; Gœthe, Schiller, Cervantès sont populaires dans nos écoles. Nul n'entrera jamais sans une respectueuse et solennelle émotion dans l'abbaye de Westminster, ou dans cette église de Santa-Croce à Florence où sont réunis, autour du cénotaphe de Dante, les tombeaux de Galilée, de Michel-Ange, de Machiavel, d'Alfieri, de Cherubini.

Le xviiie siècle reprochait toujours aux académies et surtout à l'Académie française, qui portait le poids des querelles parce qu'elle avait porté celui de la gloire et parce que le public pouvait plus facilement suivre ses travaux, d'avoir élu des hommes médiocres et d'avoir laissé en dehors d'elle des hommes de génie.

Je connais deux hommes de génie qui n'ont pas été de l'Académie française, Descartes et Molière. Rousseau, dont on prononce quelquefois le nom à propos des omissions de l'Académie, était citoyen de Genève.

Deux erreurs en un siècle et demi ! Les hommes se trompent ordinairement plus que cela. La plupart des ouvrages de Descartes sont écrits en latin. Le *Discours de la Méthode*, qui est un des grands monuments de la langue française, n'était connu que d'un petit nombre de savants et de philosophes. Le grand éclat de la renommée de Descartes n'a commencé qu'après sa mort, quand on a enfin compris qu'il avait émancipé la raison humaine. Molière avait contre lui sa profession ; on se rirait aujourd'hui, avec raison, d'un tel obstacle. C'était quelque chose sous Louis XIV. Messieurs les tapissiers valets de chambre du roi n'auraient plus voulu être de l'Académie. Je ne sais pas ce que Molière lui-même aurait pensé de son élection. On était alors conservateur du rang comme on l'est aujourd'hui de la propriété. Il fallut contraindre Catinat à se laisser faire maréchal de France.

Quant aux autres hommes dont la Convention regrettait si amèrement l'absence, ils appartenaient à la catégorie de ceux que nous appelions tout à l'heure des hommes distingués dans le genre médiocre. Ils étaient admirés, à juste titre, par leurs contemporains ; la postérité a le droit de choisir entre eux. Dufresny, Raynal, Helvétius sont des grands hommes dont on blâmait en 1793 l'omission, et dont on blâmerait aujourd'hui l'élection si l'Académie les avait élus.

De tous les griefs dirigés contre l'Académie, le plus fréquemment invoqué était sa courtisanerie envers le roi. C'était une compagnie de courtisans, qui pouvait, en ce genre, donner des leçons à tous les Dangeau. N'est-ce pas elle qui avait mis au concours cette question : « Quelle est celle des vertus du roi qui mérite le plus d'être louée ? »

On était bien loin de ce style et de ces sentiments lorsque Grégoire, reprochant au « bon Fénelon » d'avoir fait un traité sur la direction de la conscience d'un roi, ajoutait : « Comme si les rois avaient de la conscience ! Autant eût valu disserter sur la douceur des bêtes fauves. »

Le tort des hommes aveuglés par la passion est de vouloir toujours juger sans tenir compte des temps et des milieux. N'en déplaise aux niveleurs de 1793, l'esprit libéral qui s'était manifesté dans le sein de l'Académie au moment de sa création officielle subsista pendant toute sa durée. Il s'associait chez elle à une admiration pour le roi dont nous ne comprenons plus la nature. L'Académie voyait la France dans le roi. A cette époque de l'histoire, on n'était puissant qu'à condition d'être dépendant. Ce qui est indiscutable, c'est que les académies entourées d'honneurs par la monarchie étaient devenues peu à peu de

véritables aristocraties. Elles avaient aux yeux des républicains
le double défaut d'être des corporations, et des corporations
privilégiées, très entichées de leurs privilèges. Un usage intro-
duit par Colbert, ou plutôt par l'abbé Bignon, son neveu et son
représentant dans le gouvernement des sociétés savantes, divi-
sait les Académies des Inscriptions, des Sciences et des Lettres
en trois classes d'académiciens : les honoraires, les pension-
naires et les élèves; ce qui constituait un privilège dans le
privilège. Seule l'Académie française avait énergiquement
refusé de subir l'affront de ce règlement.

L'Académie française avait toujours eu dans son sein,
depuis sa création, des ducs, des maréchaux, des évêques, des
magistrats de cours souveraines. Ces grands seigneurs apprenaient à traiter les gens de lettres comme des égaux ; mais, en
même temps, les gens de lettres apprenaient à se croire grands
seigneurs. Ils se donnaient des compliments les uns aux autres,
pour s'exercer à leur fonction principale qui était d'encenser
le roi et le ministre. Les compliments sont devenus nos discours de réception ; Voltaire n'était pas tendre pour eux :
« Ce que j'entrevois dans ces beaux discours, dit-il, c'est que le
récipiendaire ayant assuré que son prédécesseur était un grand
homme, que le cardinal de Richelieu était un très grand
homme, le chancelier Séguier un assez grand homme, le directeur lui répond la même chose, et ajoute que le récipiendaire
pourrait bien aussi être une espèce de grand homme, et que
pour lui, directeur, il n'en quitte pas sa part; » et plus loin :
« La nécessité de parler, l'embarras de n'avoir rien à dire et
l'envie d'avoir de l'esprit sont trois choses capables de rendre
ridicule même le plus grand homme. »

La Convention pouvait-elle souffrir l'existence d'un corps
qui passait son temps à célébrer les vertus des rois, qui était
lui-même un corps privilégié, et qui comptait dans son sein des
membres investis d'un double privilège ? C'était l'aristocratie
de l'esprit, mais c'était une aristocratie. La Montagne et la
Plaine étaient d'accord pour la renverser.

Il s'était pourtant passé vers le milieu de xviiie siècle un fait considérable qui aurait pu modifier les jugements des révolutionnaires. Voltaire était entré à l'Académie. Les académiciens s'étaient vaillamment défendus. Voltaire fut refusé deux fois. Enfin, il entra; et dès ce jour l'Académie lui appartint. Il avait déjà son journal, qui était l'*Encyclopédie*. L'*Encyclopédie* entra avec lui à l'Académie, qui fut ainsi transformée par anticipation en véritable Académie des Sciences morales et politiques. Il y fit nommer successivement Duclos, d'Alembert, Marmontel, Condillac, Morellet. Il échoua pour Diderot. Il s'en plaint vivement, et avec raison du reste, car si Diderot n'est pas précisément un génie académique, c'est sans conteste un homme supérieur. Voltaire écrit à l'abbé d'Olivet : « Tàchez, mon cher maître, de nous donner un véritable académicien à la place de l'abbé de Saint-Cyr et un savant à la place de l'abbé Sallier. Pourquoi n'aurions-nous pas cette fois-ci M. Diderot? Vous savez qu'il ne faut pas que l'Académie soit un séminaire et qu'elle ne doit pas être la Cour des pairs. Quelques ornements d'or à notre lyre sont convenables ; mais il faut que les cordes soient à boyau et qu'elles soient sonores. »

Voltaire n'était pas accoutumé aux échecs et avait pris sa revanche. Il avait le gros de son armée à l'Académie française, il avait à l'Académie des Sciences Condorcet, d'Alembert, Fontenelle. L'Académie des Inscriptions était plus résistante, mais il avait pénétré partout. Il était l'oracle des cercles de précieuses dont l'influence avait remplacé l'influence décroissante de la cour. Mme de Lambert, Mme de Tencin, Mme Du Deffand, Mlle de Lespinasse, Mme Geoffrin, Mme Du Châtelet recevaient ses inspirations. Il était l'ami (intermittent) du roi de Prusse, le correspondant (et le flatteur) de la grande Catherine. Il avait traité Corneille de haut; il se croyait plus pathétique que Racine. En philosophie il tenait tète au clergé, tout en faisant ses pâques à Ferney et en dédiant au pape sa tragédie de *Mahomet*. Quand on le juge à présent, on ne peut s'empêcher de voir en lui un précurseur de la Révolution. Voltaire et toute l'armée qu'il commandait avaient, en effet, semé les idées révolutionnaires, mais ils avaient cru évoquer un génie ; et quand ils furent en face de lui (je parle des lieutenants de Voltaire, car il était mort en 1778), il leur sembla qu'ils avaient évoqué le diable.

Ils s'arrêtèrent en chemin, et devinrent, par cela même, les plus grands ennemis de leurs anciens amis. On pourrait ici parodier cette grande parole : « Il y a plus de joie dans le ciel pour un pécheur qui se repent... » et dire : « Il y a plus de colère dans l'armée révolutionnaire pour un ami qui s'arrête en chemin... »

Les académies, dont on oublia les services, eurent le sort des parlements et du clergé. Grégoire, dans un rapport ridiculement emphatique, proposa la suppression des académies, tout en demandant que, « du milieu des décombres, le sanctuaire des arts, s'élevant sous les auspices de la liberté, présentât la réunion organisée de tous les savants et de tous les moyens de science ». « Après-demain, disait-il, la République française fera son entrée dans l'univers. En ce jour où le soleil n'éclairera qu'un peuple de frères, les regards ne doivent plus rencontrer sur le sol français d'institutions qui dérogent aux principes éternels que nous avons consacrés, et cependant quelques-unes, qui portent encore l'empreinte du despotisme ou dont l'organisation heurte l'égalité, avaient échappé à la règle générale : ce sont les académies. »

Deux ans après avoir congédié les académies avec cette politesse, la Convention faisait une grande, une très grande chose. Elle les rétablissait, et, en les rétablissant, elle leur faisait subir une modification profonde. Le rêve d'une assemblée unique des savants et des artistes, des poètes et des philosophes, déjà conçu par la Constituante, devenait une réalité. Jamais la fraternité des lettres, des sciences et des arts n'avait été affirmée avec cet éclat. La nouvelle institution réunissait en un faisceau toutes les forces de la passion et de la pensée. Elle créait au-dessus de la société vulgaire, occupée des soins de la vie, une sorte de monde à part d'où sortiraient sans cesse pour éclairer l'humanité, pour la fortifier et la charmer, des vérités et des chefs-d'œuvre. L'Institut ne participerait pas au gouvernement, il ne serait pas chargé de l'enseignement. Son action serait d'une nature plus haute ; elle s'exercerait par l'exemple. De même que le Dieu d'Aristote meut sans être mû et peut ignorer le monde auquel il donne la vie, il suffit aux savants et aux poètes d'être, et d'être connus. Leurs œuvres produisent le mouvement, et en même temps elles le règlent par l'admiration qu'elles inspirent.

Daunou parlant au nom de la Convention disait : « Nous avons emprunté de Talleyrand et de Condorcet le plan d'un Institut national, idée grande et majestueuse dont l'exécution doit effacer en splendeur toutes les académies des rois... Ce sera en quelque sorte l'abrégé du monde savant, le corps représentatif de la république des lettres, un temple national dont les portes, toujours fermées à l'intrigue, ne s'ouvriront qu'au bruit d'une juste renommée. »

Cette union majestueuse et féconde de tout ce qu'il y a d'éternel dans le sentiment et la pensée n'est pas la seule grandeur de l'institution nouvelle. Les académies jusque-là avaient été purement locales. Elles se recrutaient dans une seule ville et représentaient le mouvement scientifique ou littéraire de la ville où elles étaient nées. Mais l'Institut créé en 1795 pour remplacer les académies n'est pas un institut parisien, c'est un institut national, c'est l'Institut de France. La constitution de l'an III, dont la formule est fidèlement reproduite par la constitution de l'an VIII, le déclare en ces termes solennels : « Il y a pour toute la République un Institut national chargé de recueillir les découvertes, de perfectionner les arts et les sciences. »

Pourrais-je oublier, en présence de cette assemblée que la Convention nationale ouvrit les portes de son Institut non seulement à tous les Français, mais à tous les grands hommes quelle que fût leur origine ? De même que Louis XIV récompensait le génie à quelque nation qu'il appartînt, la Convention créa dans le sein de l'Institut l'ordre des associés étrangers, qui nous permet d'inscrire sur nos listes d'honneur Huyghens, Newton, Leibniz, et plus près de nous Rossini et Meyerbeer.

L'œuvre de la Convention n'est donc pas la reproduction des anciennes académies déguisées sous des noms nouveaux et modifiées dans les détails secondaires de leur organisation. C'est bien une œuvre nouvelle. C'est une création, une puissante création. C'est l'Académie de France, représentant à la fois les lettres, les sciences et les arts. Elle contient les anciennes académies, mais en les enfermant dans une synthèse nouvelle et forte. C'est notre droit et notre devoir, en ce jour de fête, d'adresser également nos hommages aux anciennes académies qui ont préparé l'Institut et à l'Institut qui contient et complète les anciennes académies.

L'œuvre de la Convention est assez belle pour que nous puissions avouer maintenant que l'Assemblée avait été moins heureuse dans les détails d'exécution que dans la conception première. Elle avait tout exagéré : sa propre autorité sur l'Institut et l'autorité de l'Institut sur les membres qui le composaient. Elle ne connaissait pas la liberté. Elle disait comme Louis XIV : « L'État, c'est moi, » et quand elle avait usurpé tous les pouvoirs, elle disait : « Nous voilà libres. »

La première faute de la Convention, en ceci comme en bien d'autres choses, fut son amour immodéré de la table rase. Elle avait supprimé les académies, qu'elle pouvait modifier en les conservant. Elle supprima jusqu'à leurs noms dans la réorganisation qu'elle fit ensuite. On a dit d'elle avec vérité qu'elle avait peur des mots. Elle remplaça ces noms illustres par les appellations vulgaires de première, seconde, troisième classe, et ne réussit par ces changements qu'à voiler les traditions historiques. Elle effaça un autre nom qui aurait dû lui être particulièrement sacré. Ayant à placer la philosophie dans la classe des sciences morales et politiques qu'elle organisait pour la première fois, elle remplaça ce nom, qui pouvait rappeler les croyances spiritualistes, par celui d'Analyse des sensations et des idées, qui ne rappelait que Condillac. Chaptal, qui déjà en 1801 reprochait à l'organisation de l'Institut « de s'être beaucoup trop écartée de ce que l'expérience avait montré de perfection dans la composition de nos anciennes académies, » fit en 1803 un nouveau projet où il se montra plus équitable et plus habile que la Convention. Il proposait même de rétablir le nom des anciennes académies, dont la France s'honorait depuis plus d'un siècle, et qui étaient devenues le modèle des institutions savantes et littéraires formées successivement dans tous les États de l'Europe. Le Conseil d'État ne voulut pas y consentir. Il approuva le fond de la proposition, mais il ne rendit pas leurs noms aux anciennes compagnies.

L'Académie des Sciences morales et politiques, fondée pour la première fois en 1795, et qui formait la seconde classe de l'Institut, eut une courte existence. Le Premier Consul avait dit un jour à M. de Ségur : « Vous présidez la seconde classe de l'Institut ; je vous ordonne de lui dire que je ne veux pas qu'on parle de politique dans les séances. Si la classe désobéit, je la casserai comme un mauvais club. » Fidèle jusqu'au bout à son aversion pour ceux qu'il appelait les idéologues, quand il procéda à la réorganisation de l'Institut en 1803, il supprima la deuxième classe par prétérition, en supprimant son nom et en répartissant ses membres dans les autres classes.

La première faute de la Convention fut donc de renoncer à des noms vénérables et à un passé illustre ; elle fit une seconde faute dans le mode d'élection qu'elle adopta. Les candidats furent présentés par la classe dans laquelle s'ouvrait une vacance, et l'Institut en corps fut chargé de choisir entre les candidats ainsi présentés. Jamais la compétence ne fut traitée avec un pareil mépris. Un comédien décidait de l'élection d'un mathématicien. Un peintre jugeait un philosophe. On reconnaît bien là une assemblée qui admettait les juifs au nombre des votants pour l'élection des évêques catholiques. L'élection par classe ou académie ne fut établie qu'en l'an XI, sur le rapport de Chaptal.

La Convention commit une troisième faute. Les deux premières avaient pour effet d'exagérer l'unité ; celle-ci exagérait et faussait le caractère national de l'Institut. C'était l'Institut de France ; on voulut qu'à ce titre il fût composé par moitié de Parisiens et de provinciaux. Il aurait suffi de dire que les choix

4

pouvaient se porter également sur les hommes du premier
mérite, qu'ils eussent leur résidence à Paris ou ailleurs. Non.
Il sembla plus radical de partager par moitié. Cela cessait
même d'être juste, car Paris ne comptait que 500 000 habitants
et la province en avait 25 millions. Et cela n'était pas raison-
nable; car un homme d'élite peut désirer le séjour de Paris à
cause des bibliothèques, des musées, des amphithéâtres et de
tous les autres moyens d'étude. On avait admis une section de
l'art dramatique : trois comédiens parisiens, trois comédiens
de province. Tout le monde sait que les grands comédiens
peuvent se former en province, mais qu'ils ne peuvent y rester.
Ils n'y trouvent ni les traditions, ni les écoles, ni les auxiliaires,
ni le public dont ils ont besoin, ni les ressources matérielles.
On en peut dire autant des érudits, des artistes. La règle de
résidence était sévère alors; plus sévère qu'elle ne l'a été
depuis. Un membre nommé pour représenter Paris et qui
s'établissait définitivement en province était obligé de donner
sa démission. Destutt de Tracy, qui habitait Auteuil, fut nommé
membre non résident.

La plus grande erreur commise est peut-être le règlement
intérieur des travaux imposé par décret organique.

Le gouvernement s'attribuait dans ce règlement le droit
de requérir l'avis des classes de l'Institut. C'est surtout à l'Académie des Sciences qu'il adressa ses réquisitions. Il la consulta
sur les voitures couvertes destinées au transport des malades,
sur le perfectionnement à apporter au régime des hôpitaux, sur
le système monétaire, sur la manière d'accorder l'ère de la
République avec l'ère vulgaire, sur un nouveau boulet, sur un
taffetas huilé propre à faire des manteaux pour les troupes, sur
l'idée de faire établir plusieurs rangées de canons sur un seul
affût, sur la conservation des eaux potables à bord des navires,
sur la conservation des biscuits et des légumes en mer. Il y
avait aussi des questions pour les autres classes, même des
questions philosophiques, ce qui tendait à faire une doctrine
d'État. Rien n'est plus contraire à la philosophie et à la vraie
politique, et rien ne peut nuire davantage aux progrès de la

science et à l'éclat des académies. Dans un corps littéraire bien organisé, l'autorité de chaque membre s'accroît de celle de la compagnie, mais à condition qu'il n'en résulte aucune ingérence de l'académie ni des gouvernements sur le travail individuel. Quand le général Cavaignac, pour réfuter les socialistes de 1848, demanda à l'Académie des Sciences morales et politiques des petits livres populaires, l'Académie échoua, il faut le dire résolument, quoiqu'elle se fût adressée aux plus grands noms de la science. Un grand esprit ne se retrouve pas dans un travail fait sur commande : il faut au génie l'air de la liberté.

Ce droit de réquisition n'était pas seulement attribué au gouvernement, il appartenait aussi au public. Tout auteur pouvait exiger une analyse de son livre, tout inventeur un examen de sa découverte. Ainsi les académiciens n'étaient plus maîtres de leur temps. Je ne m'étonne plus qu'on leur eût attribué deux costumes : un costume de cérémonie et un costume de travail. On ne voyait pas qu'assujettis au service de tout le monde, il ne leur restait plus de temps pour le service de la science.

Je ne veux pas tout énumérer. Je citerai pourtant la suppression des secrétaires perpétuels, remplacés par deux secrétaires semestriels : c'était ôter aux académies leur unité, leur vie. Chaptal, en 1801, parlant des anciennes académies, disait : « Le même homme suivait tous les détails de l'Académie, en devenait l'historien, et attachait d'une manière toute particulière la gloire de son nom à celle du corps dont il était l'organe; il y avait plus de suite dans l'administration, plus de célérité dans l'exécution, plus d'ordre dans la marche, et on ne peut pas nier que le rétablissement d'un secrétaire perpétuel pour chaque classe de l'Institut, en rouvrant une carrière qui présente tant de grands hommes pour modèles, ne contribuât à la gloire de ce corps et aux progrès des sciences. » Et plus tard, en 1803, il revenait à la charge : « Le rétablissement de ces places, disait-il en parlant des secrétaires perpétuels, fera renaître une branche d'éloquence très négligée depuis dix ans et donnera aux travaux académiques cet esprit de suite, cet enchaînement de faits et de pensées qui, seuls, peuvent fixer l'époque des découvertes et tracer avec exactitude l'histoire des connaissances humaines. »

Tout en déclarant qu'elle renonçait au passé académique, la Convention, par la force même des choses, avait conservé à son Institut tous les avantages dont avaient joui les anciennes académies. Elle maintenait la reconnaissance de l'Institut par l'État et l'intervention de l'État dans les règlements intérieurs de l'Institut. Elle laissait à l'Institut le local des académies, la bibliothèque, la participation à la nomination des professeurs dans les grands établissements littéraires et scientifiques. L'Institut a conservé cette prérogative et présente encore aujourd'hui des candidats pour le Collège de France, le Muséum, l'Académie de Rome, les Écoles de Rome et d'Athènes, l'École des Chartes, l'École des Langues orientales vivantes, le Conservatoire des Arts et Métiers, l'Observatoire, l'École polytechnique. Il a conservé les impressions gratuites et les prix connus sous le nom de prix du budget, auxquels s'ajoutent à présent des prix fondés par l'initiative privée, dont le chiffre annuel n'est pas inférieur à 524 500 francs. Le 29 messidor an IV, la Convention donnait aux membres de l'Institut une indemnité annuelle de 750 myriagrammes de froment, et le 19 thermidor suivant, elle décidait que « sur cette indemnité, il serait distrait à l'égard de chacun des membres une somme égale à la valeur de 150 myriagrammes de froment, pour être répartie par forme de droit de présence entre les assistants aux séances, tant générales que particulières, de chaque classe. »

En 1803, sur le rapport de Chaptal, on permit aux membres de l'Institut d'être de plusieurs académies à la fois, et par conséquent de réunir plusieurs indemnités. « C'est, dit Chaptal, le moyen d'ouvrir aux hommes distingués plusieurs routes à la gloire et à l'aisance, et par conséquent le moyen de multiplier et d'agrandir les talents. »

Le droit de cumuler les académies subsiste, mais on a enlevé celui de cumuler les indemnités. Nous en sommes restés aux 750 myriagrammes. Ceux d'entre nous qui font partie de plusieurs académies ne touchent l'indemnité qu'une seule fois. Nous nous vantons de n'être pas riches.

Les membres de l'Institut, quand on fixait à 750 myria-grammes de froment, c'est-à-dire, pour parler en langage intelligible, à 1500 francs, l'indemnité qui devait les délivrer de tous les soucis de la vie, n'imaginaient pas dans leurs rêves les plus ambitieux qu'ils auraient un jour à eux l'un des plus beaux palais du monde, avec une galerie de tableaux, une bibliothèque créée d'une seule venue par un grand écrivain doublé d'un érudit consommé, des bois, des eaux, et tout un monde de beaux souvenirs.

Peut-être est-il bon de rappeler ici, pour expliquer à la fois notre richesse et notre pauvreté, que tous les dons faits à l'Institut sont faits à la science ou aux pauvres. Les membres de l'Institut n'en profitent jamais. Une nouvelle donation n'est pour eux qu'un surcroît de travail. L'empereur Napoléon III voulut un jour élever à 5000 francs l'indemnité annuelle de 1500 francs, ce qui faisait une quantité de froment fort respectable. L'Institut, consulté, exprima sa reconnaissance, et refusa.

On a dit quelquefois que tous les efforts de la Révolution pour transformer les académies n'avaient été qu'une illusion. Le 8 août 1793, on les supprime ; le 24 octobre 1795, on les remplace par l'Institut. On s'aperçoit sur-le-champ que cet Institut, à force d'être nouveau, n'est pas viable. Dès 1803 on commence à le faire réformer ; les réformes se multiplient d'année en année, et à quoi aboutissent-elles ? à supprimer la plupart des innovations, à refaire les anciennes académies et même, en 1816, à leur rendre leur nom.

Ceux qui parlent ainsi ne voient pas qu'il reste à la Révolution la gloire d'avoir établi un lien étroit entre les académies, d'avoir compris la solidarité des lettres, des sciences et des arts, d'avoir mis les académies en communication plus intime avec le public et de leur avoir donné de nouveaux et sérieux moyens d'influence.

Des anciennes compagnies, des remaniements opérés sur les nouvelles est résulté l'Institut actuel, où la protection de l'État n'exclut pas la liberté des membres, où chacun répond seul de sa doctrine, où la solidarité d'honneur qui unit tous les membres rend impossibles les excentricités, où tous les travaux tendent à la manifestation de la vérité et aux triomphes de l'art, où tous les membres rassemblés sans être confondus se prêtent une mutuelle assistance sans jamais tomber dans la confusion; un corps enfin qui réunit dans une juste proportion l'autorité et la liberté, et qui mérite d'être proposé comme modèle à toutes les nations civilisées.

J'ose ajouter, Messieurs, que votre présence ici, celle du chef respecté de l'État, et l'éclat qui en résulte vont donner à l'Institut national de France une consécration nouvelle.

Le monde assiste depuis vingt-cinq ans à un singulier spectacle. D'une part les gouvernements multiplient avec une sorte de rage les préparatifs de guerre. Ils construisent des forteresses, ils coulent des canons, ils emplissent les arsenaux de projectiles; ils jettent dans ce gouffre des milliards: ils imposent le service militaire dans l'armée active à tous les jeunes gens sans exception, au point de vider les écoles, de désorganiser les services publics et particuliers, d'ôter à l'agriculture et à l'industrie les bras dont elles ont besoin. Ils retiennent les citoyens dans les liens du service militaire jusqu'à quarante-cinq ans. Il semble que la bataille doive se livrer demain.

En même temps tous les philosophes, tous les publicistes, les hommes d'État, les souverains eux-mêmes protestent à grands cris de leur horreur pour la guerre. Ils veulent la paix, il la leur faut pour rendre au travail la sécurité, à l'intelligence ses droits et à l'année son printemps. On fonde de toutes parts des ligues pour la paix, on assemble des congrès pour protester contre la paix armée, plus ruineuse et plus meurtrière que la guerre.

Hélas! ces congrès n'apportent que des vœux. C'est beaucoup et ce n'est rien. Ils apportent des vœux, je n'ose pas dire qu'ils apportent des espérances.

Ce qu'il faut à l'humanité, ce ne sont pas des paroles, ce ne sont pas des soupirs, ce sont des actes. Ce qui fera renaître la fraternité entre les hommes, ce sont de grands travaux faits en commun, de grands services rendus à l'humanité.

Le voilà devant nos yeux, le congrès de la paix ! Voilà le congrès où la vérité est aimée pour elle-même, quel que soit le pays où elle éclate, où la poésie est adorée dans toutes les langues, où les grandes découvertes excitent le même enthousiasme, quelle que soit leur origine, et où l'on ne connaît d'autre émulation que celle de bien faire. La patrie de l'éternelle beauté est aussi la patrie de la paix.

Associés et correspondants de l'Institut de France, vous n'emporterez pas seulement d'ici le souvenir des chaleureuses sympathies qui vous ont accueillis. Nous emporterons tous, de cette réunion fraternelle, un redoublement d'amour pour la paix, pour les sciences qui la fécondent et pour les arts qui l'embellissent ; et nous travaillerons, chacun dans notre coin préféré de l'atelier universel, à la prospérité de la maison, c'est-à-dire au bonheur de l'humanité.

L'orchestre a exécuté un fragment de l'oratorio *Mors et Vita*, de Gounod (mort en 1893).

La cérémonie s'est terminée par le discours suivant de M. POINCARÉ, Ministre de l'Instruction publique :

MONSIEUR LE PRÉSIDENT DE LA RÉPUBLIQUE,

MESSIEURS,

En applaudissant tout à l'heure, avec vous tous, le maître vénéré, dont il nous a été donné aujourd'hui d'admirer une fois de plus l'inaltérable verdeur, je ne pouvais me défendre de rapprocher de l'éloquent appel qui a terminé son discours les derniers mots du rapport que Daunou présentait, le 27 vendémiaire an IV, à la Convention, sur le projet de décret qui couronnait, par la création de l'Institut, le nouveau système d'instruction publique. « Oui, disait Daunou, c'est aux lettres qu'il est réservé de finir la Révolution qu'elles ont commencée, d'éteindre tous les dissentiments, de rétablir la concorde entre tous ceux qui les cultivent, et l'on ne peut se dissimuler qu'en France, au XVIIIe siècle, et sous l'empire des lumières, la paix entre les hommes éclairés ne soit le signal de la paix du monde. » Le siècle qui s'est écoulé depuis qu'étaient formulées ces conclusions optimistes ne les a malheureusement pas ratifiées ; la paix a été plusieurs fois troublée entre les nations du monde et elle n'a même pas toujours régné sans partage entre les hommes éclairés. Si généreuses qu'aient été les espérances de Daunou, et si résolus que soient désormais à les servir les gouvernements et les peuples, il est peut-être prudent, Messieurs, d'en ajourner à votre second centenaire la réalisation définitive. Cent ans sont peu de chose dans la marche de l'humanité, et si nous pouvions être, dès maintenant, assurés que le vingtième siècle verrait à son déclin le commencement de la pacification universelle, il ne faudrait pas hésiter à passer avec le destin ce contrat inespéré. A défaut de cette certitude insaisissable, il est consolant de penser qu'aux heures tranquilles, les frontières abaissées permettent la réunion fraternelle des savants, des lettrés, des artistes ; que les rivalités temporaires peuvent s'attarder dans la contemplation commune des œuvres immortelles, et qu'au-dessus même de leurs intérêts les plus chers et de leurs droits les plus sacrés, les grandes familles nationales entrevoient par instants, dans une lueur lointaine et fugitive, l'idéal de la civilisation suprême.

Et certes, plus que toute autre, la solennité que nous célébrons aujourd'hui justifie une de ces trèves bienfaisantes de l'intelligence humaine. Vous trouverez parmi nous, Messieurs les associés étrangers, les vives sympathies que vous y ont conquises vos travaux et dont le Gouvernement se félicite de vous apporter, lui aussi, l'expression cordiale. L'ambition des fondateurs de l'Institut avait été qu'il s'attachât, au grand profit du nom français, les hommes dont le génie est « de tous les pays et de tous les siècles ». Grâce à vous et à vos devanciers, il a pleinement réalisé cette noble pensée. La puissance d'attraction qu'il n'a cessé d'exercer sur le monde entier s'est développée par la collaboration des esprits les plus vigoureux et des talents les plus divers; et chacun de vous, en recevant de lui une part de la renommée collective, lui a offert, en retour, un nouveau tribut d'effort personnel et un surcroît de prospérité. Soyez donc les bienvenus, Messieurs, dans cette fête de la pensée. Vous êtes membres de l'Institut de France et cette société, en vous ouvrant ses portes, vous a ouvert les portes d'une seconde patrie.

Cette société, Messieurs, est unique dans l'histoire des nations. La France seule, disait Renan, a un Institut; et assurément il ne prétendait pas qu'il n'y eût dans aucun autre pays des académies capables de rivaliser avec les nôtres par l'illustration de leurs membres et la valeur des découvertes; il n'avait pas de ces présomptions ni de ces aveuglements; mais il entendait affirmer que nulle part n'existait, avec la force initiale d'une même idée maîtresse, avec une aussi longue consécration du temps et de la tradition, une institution qui rassemblât, dans une pareille harmonie, la multiplicité des connaissances humaines. La vérité de cette observation éclate nettement, Messieurs, dans le récit de vos origines. Si orageuse qu'ait été l'époque où fut créé l'Institut, si obscures et si incohérentes parfois qu'aient été certaines des décisions préparatoires, il est impossible de se méprendre sur la signification profonde du testament qu'a signé, le 3 brumaire an IV, la Convention expirante. Elle a voulu, reprenant et complétant les projets de Talleyrand et de Condorcet, édifier, sur les ruines des académies qu'avait abolies la loi du 8 août 1793, un établissement qui, sans avoir à exercer en général une surveillance administrative, sans être chargé d'aucun enseignement ordinaire, sans être investi d'une véritable autorité publique, eût cependant un caractère vraiment national et participât, par le rayonnement de l'exemple, au progrès de la science et au perfectionnement même de l'éducation populaire. C'est, dans l'esprit de la Convention, le centre commun où doit aboutir annuellement tout ce qui se fait de grand et de beau dans le pays ; c'est le point où doivent converger toutes les vérités et d'où elles doivent ensuite, contrôlées et clarifiées, se répandre sur toute la France républicaine ; c'est le sommet d'où les lettres, les sciences et les arts, groupés dans une solidarité puissante, auront à veiller sur les destinées de la patrie indivisible.

N'oublions jamais, Messieurs, le généreux enthousiasme de cette inspiration première ; et si, lorsque nous nous reportons à ces débuts fiévreux, quelques exagérations du principe créateur choquent légèrement nos imaginations refroidies, jugeons avec indulgence ces erreurs inévitables. Mesurons l'œuvre à ce qu'il y a eu d'essentiel dans l'intention fondatrice et à ce qu'il y a eu de vivant, de durable, d'immortel, dans le résultat.

Il est impossible, même après un siècle, de relire sans une pieuse émotion, sur les feuillets jaunis du *Moniteur*, le compte rendu détaillé de la séance d'inauguration de l'Institut. Le passé se dresse tout à coup devant nous, en une résurrection glorieuse ; une vieille estampe achève de lui donner à nos yeux la précision d'une réalité présente. Nous voilà transportés au Louvre dans cette salle des Cariatides où l'histoire a médité, sous l'ancien régime, quelques-unes de ses plus sanglantes tragédies et où les trophées de Valmy, de Jemmapes et de Fleurus voisinent, dans une décoration conciliante, avec les statues de Sully, de Descartes et de Bossuet, comme pour rapprocher déjà la France d'hier et la France nouvelle. « Dans l'auditoire se presse, dit le *Moniteur*, tout ce qui reste de plus distingué parmi les savants, les gens de lettres et les artistes français échappés aux orages de la Révolution. » Les membres du Directoire sont là dans la gravité de leurs costumes brodés d'or et dans l'éblouissement de leurs chapeaux à panaches ; les ministres et le corps diplomatique les ont accompagnés. C'est Letourneur, président du Directoire, qui se lève le premier, et, après avoir fait l'éloge de l'Institut, il ne néglige pas celui du gouvernement. Dussaulx, président de l'Institut, lui succède et renouvelle, sur un ton différent, ce double panégyrique. Puis vient le tour de Daunou, et son discours, écrit dans une langue ferme et colorée, dont l'époque suffit à excuser l'emphase intermittente, contient l'exposé complet du grand rôle assigné à l'Institut national. J'ignore, Messieurs, quel sort le public, ce public « de femmes attentives et d'amateurs bienveillants » dont parle le *Moniteur*, réserva aux communications de Lacépède, de Cabanis, de Fontanes, de Cuvier, de Grégoire qui terminèrent cette longue séance de quatre heures. J'ignore surtout si, en un temps où, suivant le mot de Daunou, on gardait « l'émotion de la bataille, avec cette espèce d'héroïsme sauvage qu'elle fait naître dans les âmes », — les vers de Collin d'Harleville excitèrent sur quelques lèvres les sourires qu'ils éveillent aujourd'hui. L'auteur des *Poésies fugitives* donna, en effet, lecture d'une allégorie dans laquelle on voyait

> ... la science et les arts se chercher,
> Algèbre et poésie, enfin se rapprocher,
> Et, pour dire encore plus, la fière astronomie
> A l'humble botanique offrir sa main amie.

Mais ce sont là, Messieurs, dans ce tableau d'ensemble, des défauts partiels qui en accusent la date, sans en détruire la majesté. Et si l'on veut, sous ces couleurs fanées, pénétrer jusqu'à la vérité des lignes et jusqu'à la solidité des masses, on retrouve, fraîche et irrésistible, l'impression d'une œuvre décisive, et l'on sent toute la grandeur de cet hommage public rendu à l'unité de la science par une nation rajeunie.

Écoutons Daunou proclamer que « les arts ne paraissent indépendants les uns des autres qu'à leurs premiers pas », et que, « plus ils grandissent, plus ils s'aperçoivent de leurs relations naturelles ». Ce n'est pas la première fois, sans doute, qu'est affirmée cette parenté ; ce n'est pas la première fois qu'on cherche à réunir en un faisceau toutes les branches de la connaissance, puisque, hier encore, avant la Révolution, dans le *Discours préliminaire*, d'Alembert a tenté, longtemps après Bacon, un classement encyclopédique et une généalogie des sciences, et puisque même Colbert, en 1666, a déjà rêvé de réunir, dans une seule compagnie, des géomètres, des érudits et des lettrés. Mais c'est la première fois que cette idée féconde descend victorieusement des hauteurs de la doctrine jusqu'aux profondeurs de la réalité sociale; c'est la première fois qu'un peuple entier va s'approprier cette synthèse vivifiante; c'est la première fois qu'à côté des pouvoirs publics, s'élèvera, dans la liberté, une société d'élite, ouverte à la fois au mathématicien et au peintre, au sculpteur et au physicien, au philosophe et au poète, tous réunis dans le culte des choses de l'esprit et dans une égale passion des études désintéressées.

Qu'importe si, poussant son programme à l'extrême, la Convention en a outré quelques-unes des conséquences; si elle a conçu des illusions vite détrompées sur la possibilité et l'efficacité de certains travaux en commun, si elle a exagérément sacrifié la variété à l'unité, si, dans un amour excessif de simplicité et de symétrie, elle a procédé d'abord à des classifications arbitraires et imposé aux élections des conditions maladroites? L'avenir apportera d'abord à cette esquisse grandiose quelques retouches hésitantes, mais il ne tardera pas à lui donner, sous la monarchie de Juillet, sa forme définitive. La philosophie, l'histoire, l'économie politique recouvreront, à côté des lettres, des sciences, des arts, leur place un instant contestée. Les excès de la centralisation première seront insensiblement corrigés. Là où il y avait uniformité et confusion, il y aura union et confraternité. Les classes transformées reprendront sans crainte le nom des vieilles académies, mais les académies renaissantes ne risqueront pas d'être stérilisées par l'isolement. On restaurera, dans l'enceinte de la cité moderne, des quartiers antiques qui mêleront au spectacle de la vie le charme du souvenir et qui garderont le témoignage des temps évanouis. Mais ce discret et prudent assemblage du présent et du passé n'aura d'autre effet que de fondre dans la conception nouvelle de l'Institut les fragments épars du patrimoine intellectuel, accumulé par les compagnies anciennes au profit des générations successives.

Ce que la Révolution a rapproché ne se divisera plus; et malgré l'extension graduelle de la connaissance, malgré l'élargissement des perspectives offertes à la curiosité de l'esprit, malgré la complexité croissante de la « forêt des choses », l'Institut continuera d'abriter, dans son unité souveraine, une multitude diverse d'individualités pensantes. Il demeurera ainsi comme la représentation vivante de la science, où les généralités n'ont de force que par le soutien des spécialités, mais où les spécialités n'ont de mérite qu'en vue des généralités immédiates ou futures. A mesure qu'elle a reculé les bornes de son héritage, il a bien fallu que l'humanité se répartît le travail de l'ensemencement et de la culture. Elle a morcelé et fragmenté sa besogne pour la mieux approfondir. Confinés dans des lots très limités, penchés sur des sillons convergents, des investigateurs patients ont apporté à l'œuvre d'ensemble le tribut nécessaire de leurs efforts particuliers. « Si je savais quelque chose à fond, disait Claude Bernard, je saurais tout. » Personne ne sait rien à fond et personne ne sait tout. Mais de plus en plus apparaissent les rapports des sciences, la répercussion mutuelle des phénomènes, l'enchaînement des lois; de plus en plus le philosophe éprouve le besoin d'appuyer sur des observations positives la hardiesse nécessaire de ses généralisations; de mieux en mieux le savant enfermé dans son laboratoire, l'érudit dans sa bibliothèque, l'artiste dans son atelier comprennent qu'ils collaborent à un long devenir, qu'ils ont à préparer les éléments d'un ensemble, qu'ils sont là pour tracer les plans encore incertains et pour fournir les matériaux essentiels d'une construction géante et mille fois séculaire.

L'Institut n'a jamais eu la prétention d'absorber tout entière, même dans ce coin du monde qui est la France, cette activité multiple. Il y a eu de tout temps, il y a aujourd'hui, il y aura demain, en dehors de lui, des hommes qui, par goût ou par mauvaise fortune, suivront séparément une route parallèle. Il a cependant été mêlé, d'un bout à l'autre du siècle, au mouvement littéraire, scientifique et artistique, et lorsque, par hasard, il ne l'a point lui-même entraîné, il a le plus souvent pris

soin de s'attacher ensuite les grands esprits qui l'avaient pro-
voqué.

Dans la prodigieuse variété des initiatives individuelles, il
n'a point cherché à introduire un corps de doctrines inflexibles.
Il a laissé au génie de la France sa souplesse, sa vigueur et sa
grâce spontanée. Il n'a point ignoré que les rivalités elles-mêmes
étaient indispensables à la continuité du progrès. Mais il s'est
dévoué à stimuler par des récompenses le travail et le talent;
il a encouragé, contrôlé et recueilli les découvertes; il s'est tenu
en communication constante avec la vie du dehors; il a combiné
la tradition et la nouveauté; il a, dans la dispersion des forces
littéraires et scientifiques, entretenu le sentiment du grand art,
la finesse du jugement, le goût si français de la mesure et de la
simplicité. Sans enfermer la langue dans un vocabulaire im-
muable, il l'a maintenue dans le respect du caractère national.
De cette langue, faite pour refléter les idées éternelles, il a,
grâce à vous particulièrement, Messieurs de l'Académie française, conservé pieusement les vertus lumineuses.

C'est par là, Messieurs, qu'il a été intimement lié à la vie du
siècle. Il a aidé l'histoire à se renouveler par l'étude attentive
des sources et par l'application de la méthode critique; la géographie à pénétrer dans des domaines inexplorés; la géologie à
ressusciter les âges disparus; les mathématiques à poursuivre
et à atteindre dans l'immensité des planètes inconnues; la phy-
siologie, la biologie, la zoologie à arracher peu à peu, d'un
commun accord, les secrets de la nature vivante; la physique
et la chimie à dompter les forces et à triompher de la matière.

Le monde s'est étendu et métamorphosé. Les astres ont con-
fessé le mystère de leur composition; les corps ont révélé des
rapports imprévus entre leurs propriétés différentes; l'étude
des courants a établi la corrélation du magnétisme et de l'élec-
tricité; mouvement, chaleur, lumière, ont paru puiser dans
les mêmes causes la richesse diverse de leurs manifestations; la

trame solide et simple des réalités s'est entrevue sous le caprice changeant des apparences.

En même temps, cette science, tous les jours plus entreprenante, a mis ses conquêtes au service de l'art et de l'industrie. Elle a révolutionné la production, centuplé les effets de l'activité humaine, supprimé les distances, transporté par delà les océans la pensée et la parole elle-même, établi plus étroitement la communion des intelligences et préparé par là la communion des cœurs.

Si, dans cette transfiguration de l'univers, la France a joué un rôle capital, c'est, en grande partie, à son Institut qu'elle en est redevable. La France ne serait plus la France le jour où s'attiédirait chez elle la passion des belles et des grandes choses. Vous êtes, Messieurs, les principaux ouvriers de sa gloire et les plus sûrs dépositaires de son génie. Vous transmettrez aux générations futures, accru de vos propres ressources, le trésor intellectuel que vous avez reçu, et dont vous pouvez, sans l'épuiser jamais, répandre la monnaie sur le monde. Vous continuerez ainsi de seconder vaillamment la France dans l'accomplissement de sa fonction traditionnelle, j'allais dire de sa mission sacrée, qui est de propager l'idée et de semer la vérité.

L'orchestre a exécuté l'allegro de l'ouverture de *Guillaume Tell* de Rossini.

Le jeudi soir, les membres de l'Institut ont offert aux associés et correspondants un banquet qui a eu lieu à l'hôtel Continental. Au dessert M. Ambroise Thomas a porté la santé du Président de la République, puis il a remercié tous ceux qui, de la France ou de l'étranger, ont bien voulu répondre à l'invitation de l'Institut.

M. Poincaré, Ministre de l'Instruction publique, a ensuite pris la parole, et a joint ses remerciements à ceux du Président de l'Institut.

M. MAX MULLER (associé étranger de l'Académie des Inscriptions) a répondu par les paroles suivantes :

MONSIEUR LE PRÉSIDENT ET TRÈS HONORÉS CONFRÈRES,

Quand je parlerais toutes les langues que parlait le roi Mithridate ou l'abbé Mezzofanti, je ne saurais vous dire tout ce que dans ce moment je sens dans mon cœur, tout ce qui passe par ma mémoire. Le centenaire de l'Institut de France est un moment solennel, un moment vraiment historique. Pensez donc à tous les événements du siècle qui s'achève, pensez à la grande Révolution, à la régénération de la France, à celle de l'Europe entière. Tout a été changé, même les noms, seul l'Institut de France n'a changé ni de nom ni de caractère. Il a été toujours l'Institut de France, la gloire nationale de tout le pays, de tous les partis. Vous avez bien raison d'être fiers de votre Institut, tout le monde vous l'envie ; on a tâché souvent de l'imiter, on n'a jamais réussi à le surpasser.

Mais ce n'est pas à moi qu'il appartient de retracer l'histoire de votre Institut. Les statues et les bustes qui se dressent dans vos salles et sur vos escaliers parlent avec une éloquence silencieuse, mais plus puissante que tout ce que je pourrais dire.

Ce que je voudrais bien vous exprimer, si je savais comment, c'est la profonde gratitude que je dois personnellement à la France, à mes maîtres du Collège de France, à mes confrères de l'Institut. On dit souvent que ce n'est que le premier pas qui coûte. Eh bien, Messieurs, c'est justement le premier pas dans ma carrière scientifique que j'ai fait à Paris en quarante-cinq et six. J'étais alors un pauvre jeune homme, je logeais au cinquième, je dînais souvent hors de la barrière, mais j'étais reçu en même temps par vos rois et par vos princes, c'est-à-dire par les membres de votre Institut.

Eugène Burnouf, Stanislas Julien, Jules Mohl, Reinaud, Garcin de Tassy, Guigniaut, Maury, Barthélemy-Saint Hilaire, voilà mes maîtres et mes guides. Regnier, Renan, Taine, pour ne parler que des vivants, voilà mes amis de ce temps-là. Vous m'avez fait l'honneur de m'élire correspondant, et ensuite membre associé de l'Institut, je pense parce que j'avais publié la première édition du livre le plus ancien du monde aryen, sinon du monde entier, le Rig-Veda, le Lion sacré des Brahmanes. Eh bien, la première idée d'entreprendre cet ouvrage m'est venue de Burnouf. C'est lui qui m'a encouragé souvent quand j'étais au désespoir devant les obscurités du texte, et, encore plus, du commentaire. C'est donc à Eugène Burnouf que revient vraiment l'honneur que vous m'avez fait, à Burnouf, un homme plein de savoir, plein d'esprit, plein de bonté pour ses élèves, et, ce qui vaut mieux que tout, plein de droiture. Dans la galerie de vos membres, l'étoile de Burnouf brille toujours près des étoiles de Silvestre de Sacy, de Letronne et de Champollion ; les savants étaient français par l'esprit et par le cœur, mais ils appartiennent maintenant à tous les pays, et ils seront honorés toujours dans cette grande République des lettres, dont nous sommes tous des citoyens loyaux, travaillant en bons ouvriers à l'œuvre la plus méritoire, le bonheur et la paix du monde, combattant en braves soldats, pour la conquête la plus glorieuse, la conquête de la vérité.

Lord KELVIN, associé étranger de l'Académie des Sciences, a pris ensuite la parole au nom de la Société royale de Londres et s'est ainsi exprimé :

Personnellement, les mots me font défaut pour dire combien j'apprécie le grand honneur que vous m'avez conféré d'être associé de l'Institut de France. Mais je dois à la France une dette encore plus grande, elle est vraiment l'*alma mater* de ma jeunesse scientifique et l'inspiratrice de l'admiration pour la beauté de la Science qui m'a enchaîné et guidé pendant toute ma carrière.

Dans la Bibliothèque du Roi, pendant l'été de 1839, j'ai fait la connaissance d'une partie de la *Mécanique céleste*, de Laplace, pour un *Essai sur la figure de la Terre*, qu'il m'a fallu écrire pour l'Université de Glasgow, comme exercice d'étudiant. Avant que je quittasse l'Université de Glasgow, mes professeurs m'y avaient montré la splendeur de Fourier.

Six ans plus tard, le vénérable Biot m'a pris par la main et m'a placé dans le laboratoire du Collège de France, sous la direction de Regnault; ainsi j'ai vu ce grand physicien, de jour en jour, travaillant sur les propriétés physiques des gaz. A Regnault et à Liouville je serai éternellement reconnaissant pour la bonté qu'ils m'ont témoignée et pour les méthodes qu'ils m'ont enseignées sur la physique expérimentale et mathématique dans l'an 1845.

Un an plus tard encore, la *Puissance motrice du feu*, le travail de l'immortel Sadi-Carnot, m'a révélé les résultats si pratiques et si profondément ultra-théoriques de son génie pénétrant.

Ainsi j'ai été nourri de la science la plus solide, et vous comprendrez, mes chers confrères, pourquoi je regarde, avec une reconnaissance profonde, la France comme mon *alma mater* de Science.

Monsieur le Président et chers confrères, je vous remercie de tout mon cœur de votre bonté pour moi, et pour l'honneur que vous m'avez fait en m'appelant à répondre au nom de la Société royale de Londres! Vive la France!

Au nom des membres étrangers, M. Frankland prononce les paroles suivantes :

Du fond de mon cœur, je remercie notre Président, des paroles de bienvenue qu'il a adressées aux membres étrangers présents à cette réunion, et, en leur nom, je porte la santé de l'Institut de France, je bois à la continuation glorieuse de ses nobles destinées.

Enfin, M. Charles Garnier donne lecture des adresses envoyées à l'Institut de la part de diverses sociétés savantes et corporations (voir plus loin, p. 53).

VENDREDI 25 OCTOBRE

A 1 heure 1/2 une représentation de gala a eu lieu au Théâtre-Français en l'honneur du Centenaire. En voici le programme :

REPRÉSENTATION DE GALA A LA COMÉDIE-FRANÇAISE

25 OCTOBRE 1895

LE CID

TRAGÉDIE DE CORNEILLE

(1er, 2e et 3e actes)

MM. MOUNET-SULLY	. . . .	Don Rodrigue.
SILVAIN	. . . .	Don Diègue.
MARTEL	. . . .	Don Gormas.
DUPONT-VERNON	. . . .	Le Roi.
VILLAIN	. . . .	Don Alonse.
HAMEL	. . . .	Don Arias.
LEITNER	. . . .	Don Sanche.
Mmes ADELINE DUDLAY	. . . .	Chimène.
FREMAUX	. . . .	Léonor.
HADAMARD	. . . .	Dona Elvire.
MORENO	. . . .	L'Infante.
THOMSEN	. . . .	Un Page.

L'ÉCOLE DES FEMMES

COMÉDIE DE MOLIÈRE

(2ᵉ acte)

MM. Truffier . . . . Alain.
    Pierre Laugier . . . . Arnolphe.
Mᵐᵉˢ Reichenberg . . . . Agnès.
    Rachel Boyer . . . . Georgette.

L'INSTITUT DE FRANCE

POÉSIE DE M. SULLY PRUDHOMME

de l'Académie française

DITE PAR M. MOUNET-SULLY

En présence des artistes de la Comédie-Française.

LES FEMMES SAVANTES

COMÉDIE DE MOLIÈRE

(1ᵉʳ, 2ᵉ, 3ᵉ et 4ᵉ actes)

MM. Coquelin Cadet . . . . Trissotin.
    Baillet . . . . Clitandre.
    De Feraudy . . . . Vadius.
    Leloir . . . . Chrysale.
    Dupont-Vernon . . . . Ariste.
    Roger . . . . Julien.
    Falconnier . . . . Lépine.
Mᵐᵉˢ Barretta . . . . Henriette.
    Bartet . . . . Armande.
    Pierson . . . . Philaminte.
    Kalb . . . . Martine.
    Fayolle . . . . Bélise.

Pendant un des entr'actes le Bureau de l'Institut s'est rendu dans le foyer des artistes et les a remerciés du concours qu'ils avaient bien voulu apporter à la célébration des fêtes.

L'INSTITUT DE FRANCE

PAR

M. SULLY PRUDHOMME

(Poésie dite par M. MOUNET-SULLY, à la représentation de la Comédie-Française.)

Déjà l'Institut compte un siècle!... la durée
Au plus vieux des vivants ici-bas mesurée ;
L'âme cent ans au plus reste fidèle au corps.
Ainsi les fondateurs de l'œuvre séculaire
N'ont vu que le lever du grand jour qui l'éclaire ;
L'hommage à ce qui dure est un hommage aux morts.

Salut donc ! gloire à vous ! nos aïeux de l'An Quatre.
Législateurs qui, las de briser et d'abattre,
Osiez en plein tumulte exalter les penseurs,
Les maîtres dans les arts qu'effarouche la guerre,
Imposer cette élite au respect du vulgaire,
Et rendre un sûr asile aux neuf divines Sœurs.

Ah ! vous aviez compris que les seules victoires
Exemptes de retours, de deuils expiatoires,
Les assauts à la nuit s'épuiseraient bientôt,
Si des esprits, sauveurs du savoir et du rêve,
Pour le Vrai, pour le Beau ne combattaient sans trêve,
Loin des bruits du forum et loin des camps... plus haut.

A leurs cultes divers ouvrant un même temple,
Depuis cent ans la France offre au monde en exemple,
Chez ces zélés chercheurs, le concert fraternel
Des seuls travaux humains dont le triomphe assure
A notre insigne espèce un rôle à sa mesure,
Et force l'Infini d'exaucer notre appel !

Les uns se sont voués à scruter la Nature :
Ils arrachent au fait qui meurt sa loi qui dure ;
L'œil de l'homme est en eux l'impérieux miroir
Des soleils monstrueux que nul vivant n'anime
Et des ferments de vie au foyer si minime
Qu'il fallut un Pasteur pour les apercevoir.

Ces pionniers font luire au-dessus de la foule,
Dont l'aveugle labeur se répète et s'écoule,
La Science unissant l'éternel au nouveau.
— Contre une égalité dont le joug rapetisse
D'autres font prévaloir librement la Justice,
Qui tient une balance et non pas un niveau.

Leur regard, non moins sûr et plus hardi, réclame.
Tout l'intime univers, tout ce qu'on nomme l'âme,
Et l'obstiné secret du terrestre bonheur.
Sous l'éclat des soleils, éblouissants mirages,
Ils cherchent l'Être, auteur et fin de ces ouvrages,
Le grand semeur des cieux et leur grand moissonneur,

D'autres ont affronté la tâche aventureuse
D'explorer le tombeau que sans relâche creuse
Aux siècles entassés leur fossoyeur, l'oubli ;
D'épeler leur histoire écrite sur les pierres,
D'ouvrir patiemment les lèvres, les paupières,
Et l'antique linceul du monde enseveli.

D'autres, les plus aimés (car c'est une caresse
Que donne au sens, au cœur leur œuvre enchanteresse),
Montrent que l'Art français, de la Nature épris,
En reçoit des leçons constamment rajeunies
Sans déserter le choix des rares harmonies
Qui font du Beau pour l'âme une forme sans prix.

Fiers d'un premier servage aux plus nobles modèles,
Ils en sont demeurés les affranchis fidèles.
L'Art novice est hardi, mais ce jeune étalon,
C'est moins en liberté qu'il achève sa grâce
Que sous un fort dompteur qui d'abord le ramasse
Pour le mieux enlever au signal du talon.

D'autres guettent l'essor des humbles cœur dans l'ombre,
La Charité sauvant l'Espérance qui sombre,
Les belles actions sans éclat pour les yeux ;
Ils poursuivent le Beau jusqu'à sa source même,
Dans la vie atteignant sa dignité suprême,
Dans le mieux aspirant à l'infiniment mieux !

O France ! ils ont, ceux-là, pour mission première
D'allier, confondus dans la même lumière,
Les noms les plus fameux, les plus saints, les plus chers.
Leur Compagnie illustre a la garde sacrée
De tes gloires qui sont tes droits à la durée,
Tes titres au respect, plus grands que tes revers.

Ils sont gardiens aussi de ta langue immortelle ;
Ils en ont la prudente et flexible tutelle.
Ton passé d'âge en âge y fermente et mûrit ;
Mais ils ne souffrent pas que le caprice altère
Ce dépôt qui détient ta verve héréditaire
Où la vertu des mots fait scintiller l'esprit.

Cette langue est loyale et l'univers l'honore :
Sans rivale naguère, elle illumine encore
Les débats solennels entre les nations.
Son cristal transparent fait les pactes honnêtes,
Elle a du jour vainqueur propagé les conquêtes :
Tout penser qu'on y verse est vêtu de rayons !

C'est ainsi que toute œuvre excellement humaine,
Par où l'âme décore ou grandit son domaine,
Toute œuvre auguste, ayant sur l'avenir des droits,
Trouve en ces créateurs des maîtres et des juges,
Chez eux contre l'oubli le meilleur des refuges,
Une cité sans roi, qui s'ouvre aux fils des rois !

Généreuse cité pour soi seule économe !
Ils prodiguent un or qu'on recherche et renomme,
Pluie utile au laurier déjà mûr ou naissant.
Des deniers de la gloire ils n'ont que la gérance :
Les palais qu'on leur lègue enrichissent la France,
C'est dans leur cœur le sien qui bat reconnaissant.

Tout penseur leur est proche en dépit de l'espace ;
L'étranger que nul autre en éclat ne surpasse
Dans leurs travaux par eux est élu leur second,
Car sa race et la leur sont en vain différentes :
Un même haut souci fait les âmes parentes,
Et le même idéal sacre leur nœud fécond.

Pourtant ils ont, Français, la patrie à défendre.
Ils l'aiment, eux aussi, d'un amour mâle et tendre :
S'ils ont dû poser l'arme en prenant le flambeau,
Remettre aux jeunes bras l'honneur de sa frontière,
Ils réclament le droit de déployer entière
L'aile de son génie autour de son drapeau.

Ce libre et fier génie, ennemi des ténèbres,
A pour symbole cher les trois couleurs célèbres,
Dont l'histoire a scellé l'union pour jamais.
Surtout les deux couleurs voisines de la hampe,
Où l'aspiration s'épure et se retrempe :
Les sublimes couleurs du ciel et de la paix.

———

Le vendredi soir, M. le Président de la République a reçu les membres et les correspondants de l'Institut au Palais de l'Élysée.

SAMEDI 26 OCTOBRE

A 11 heures 1/4, un train spécial a transporté à Chantilly les membres et les correspondants de l'Institut. A la gare ils ont trouvé des voitures que M. le duc d'Aumale y avait envoyées pour les conduire au château.

M. le duc d'Aumale a reçu ses invités à l'entrée de ses galeries.

M. Ambroise Thomas les lui a présentés.

M. Gaston Boissier a ensuite prononcé les paroles suivantes :

Monseigneur,

Permettez-moi d'ajouter quelques mots à ceux que notre président vient de vous adresser. Vos confrères de l'Institut connaissent Chantilly; ils savent par expérience avec quelle bonne grâce vous leur en faites les honneurs. Nous vous remercions d'avoir bien voulu étendre la même faveur à nos confrères de l'étranger; ils vont parcourir cette demeure royale que vous nous avez donnée, pour la laisser à la France, et, en admirant les chefs-d'œuvre dont vous l'avez ornée, ils vous remercieront avec nous de ce merveilleux présent, le plus beau qu'on ait fait, dans aucun pays, aux lettres et aux arts.

Les membres de l'Institut ont ensuite visité les apparte-
ments, la bibliothèque et les galeries.

Ils avaient reçu, pour se guider dans cette visite, un élé-
gant volume rédigé et imprimé tout exprès pour cette fête,
et qui contient l'indication des œuvres d'art et des souvenirs
historiques renfermés dans chacune des salles du château.

A 4 heures un train spécial a ramené les invités à Paris.

ADRESSES ENVOYÉES A L'INSTITUT

———

Le Président et le Conseil de la Société Royale
de Londres.

Le Président et le Conseil de la Société Royale de Londres
présentent à l'Institut de France leurs plus cordiales félicita-
tions pour l'heureuse occasion du centenaire de son existence
qui se célèbre aujourd'hui.

Le Président et le Conseil n'ignorent pas que plusieurs académies anciennes ont fleuri en France, longtemps avant la
fondation officielle de l'Institut, qui a pour but de faire connaître les découvertes et de provoquer l'avancement des arts
et des sciences. Ils savent aussi qu'une grande partie des
progrès accomplis dans les connaissances humaines pendant
les xviie et xviiie siècles est due aux travaux des membres de
l'Académie française des Sciences.

La fondation de l'Institut cependant, qui comprend aujour-
d'hui cinq académies, chacune avec sa sphère spéciale d'action, mais toutes unies dans un tout harmonieux, appliqué
constamment à la recherche des lois de la nature et au développement de l'art, constitue une ère dans l'histoire de la civilisation.

Ce serait une tâche infinie d'essayer d'énumérer les branches
des connaissances humaines qui pendant la centaine d'années
qui s'est écoulée depuis 1795 ont profité des travaux de l'In-

stitut. C'est un corps dont non seulement la France, mais tout le monde civilisé, peut tirer un juste orgueil.

Il est douloureux de penser que, juste au moment d'une commémoration qui eût été célébrée avec une joie sans mélange, la science doit déplorer la perte d'un de ses représentants les plus distingués. Les travaux de Pasteur, inspirés par un dévouement à la science si pur et si élevé, et leurs résultats bienfaisants pour l'homme et les animaux domestiques, ont été accueillis dans le monde entier avec une reconnaissance et une admiration sans bornes. La Société Royale exprime aux membres de l'Institut l'assurance de sa cordiale sympathie pour la perte douloureuse qu'ils ont subie, et avec eux toute l'humanité.

Que l'Institut puisse exister et prospérer longtemps encore, et que chacun des siècles futurs puisse récolter une ample moisson de ses travaux, c'est le vœu le plus chaleureux du Président et du Conseil de la Société Royale.

L'Académie impériale des Sciences de Saint-Pétersbourg
à l'Institut de France.

L'Académie impériale des Sciences s'estime heureuse de pouvoir témoigner, à l'occasion du centenaire de l'Institut de France, la haute considération que porte à cette illustre compagnie le monde savant de la Russie.

Dès les premiers jours de sa création, au milieu des grands événements qui ont marqué la fin du dernier siècle, l'Institut a été le digne représentant du génie de la nation française. C'est à l'Institut que, durant tout un siècle, revient la gloire des plus grandes découvertes scientifiques, des plus brillantes manifestations du génie littéraire et artistique français, ainsi que des plus importants travaux d'érudition dans le domaine de l'histoire, de la philologie et des sciences morales et politiques. Loin de réduire le rôle des sciences et des arts à servir de simple passe-temps, les membres de l'Institut se sont de tout temps appliqués à les subordonner à une mission plus noble au profit de l'humanité. Ainsi, ils ont puissamment contribué par leurs travaux à imprimer à la science française, de même qu'aux lettres et aux arts, cette force d'extension qui fait que les progrès dans ces domaines, accomplis en France, deviennent virtuellement le bien de l'humanité entière, et que leur éclat rayonne sur tous les pays civilisés.

Que l'avenir protège l'Institut de France dans cette noble mission qu'il a déjà si glorieusement rempliependant le premier siècle de son existence!

T. Vesselowsky	Ph. Ousiannikow
A. Bytschkoff	M. Souhomlinov
A. Wesselowsky	O. Backlund
W. Radloff	F. Schmidt
W. Wassilieff	F. Beilstein
N. Békétoff	W. Wassiliewsky
C. Bestoujef-Rioumine	Th. Bredikhine
A. Famintzin	L. Maïkof
M. Sonin	Basile Latyscheff
E. Kunik	A. Márkoff
V. Doubrovine	Baron V. Rosen
P. Nikitine	P. Jeréméjew
C. Korjinsky	V. Jernstedt
Pce. B. Galitzine	C. Salemann
A. Schakhmatoff	A. Kowalevsky

Saint-Pétersbourg, le 29 septembre 1895.

L'Académie royale des Sciences de Berlin.

L'Académie royale des Sciences de Berlin ne saurait laisser passer la fête du centième anniversaire de la fondation de l'Institut de France sans s'associer avec ferveur aux vœux qu'aujourd'hui tout le monde savant et littéraire forme pour la continuation de sa glorieuse carrière et aux actions de grâces qui lui sont dues pour tant d'éminents services rendus aux sciences et aux arts.

Les Secrétaires perpétuels:

E. Du Bois-Reymond;
A. Auwers;
J. Vahlen.

ADRESSES

DES CORPS SAVANTS ET CORPORATIONS ÉTRANGÈRES DONT M. GARNIER A DONNÉ LECTURE

ALLEMAGNE

Université de Bonn. — Université de Leipzig.

AUTRICHE-HONGRIE

Les naturalistes du navire autrichien *Pola* (télégramme envoyé de Suez). — Académie des sciences et des arts des Slaves méridionaux d'Agram.

GRANDE-BRETAGNE

Chemical Society of London. — Université d'Oxford. — Philosophical Society of Glascow.

Académie royale des Sciences des Pays-Bas (Amsterdam).

Association royale des architectes et archéologues portugais
(Lisbonne).

Académie Impériale des Beaux-Arts de Saint-Pétersbourg.
— Université Impériale de Saint-Pétersbourg. — Société Impériale économique libre fondée en 1765, par l'Impératrice Cathe-
rine II. — Société Impériale technique russe de Saint-Pétersbourg. — Société physico-chimique de Saint-Pétersbourg. —
Société mathématique de Saint-Pétersbourg. — Société astro-
nomique russe. — Comité géologique de Russie. — Institut des
mines de Saint-Pétersbourg. — Société minéralogique de
Saint-Pétersbourg. — Société Impériale russe de géographie. —
Société Impériale russe de musique de Saint-Pétersbourg. —
Académie Impériale militaire de médecine de Saint-Pétersbourg.
— Conseil municipal de la ville de Saint-Pétersbourg. — Uni-
versité de Moscou. — Société Impériale des naturalistes de Saint-
Pétersbourg. — Société Impériale des naturalistes de Moscou.

Société Royale des lettres et des sciences de Gothembourg.
— Académie des lettres et des sciences de Christiania.

M.Chaplain, membre de l'Académie des Beaux-Arts, a été
chargé par M. le Ministre de l'Instruction publique d'exé-
cuter une médaille qui conservera le souvenir de ces fêtes.

Les Membres de l'Institut avaient été précédemment
informés par une lettre portant les signatures de MM. Ambroise Thomas, duc de Broglie, Léopold Delisle, Hermitte
et Georges Picot qu'un service religieux en mémoire des
membres de l'Institut décédés depuis la fondation serait
célébré dans l'église Saint-Germain-des-Prés, le 23 octobre,
à 11 heures. La cérémonie avait lieu sous la présidence de
Mgr Perraud, évêque d'Autun, membre de l'Académie française; la messe a été célébrée par M. l'abbé Duchesne,
membre de l'Académie des inscriptions et belles-lettres.
Après la messe, Mgr Perraud est monté en chaire et a prononcé les paroles suivantes :

Messieurs, très chers et honorés Confrères,

Oublier les morts est une des formes les plus dures de cet
égoïsme inné qui renferme l'homme en lui-même et le rend
indifférent à tout ce qui ne concerne pas directement son haïs-
sable moi.

Le souvenir des morts est, au contraire, une des expressions
les plus touchantes de cet instinct de fraternité qui, à travers
les séparations de l'espace et du temps, relie les unes aux
autres les générations humaines.

Mais il y a quelque chose de meilleur que de se souvenir
des morts, c'est de prier pour eux. Voilà précisément ce que
nous sommes venus faire en cette funèbre cérémonie qui nous
rassemble autour des saints autels, nous, les membres vivants
des cinq académies, afin de donner à ceux de nos collègues
qui ont disparu dans le cours de ce siècle, après avoir repré-
senté avec tant d'éclat non seulement le génie français, mais
l'esprit humain, un témoignage de religieuse confraternité.

I

Prier pour les morts, Messieurs, c'est ajouter au simple souvenir une profession très nette de spiritualisme et proclamer hautement, en dépit des apparences, que, si la mort peut frapper et dissoudre notre organisme physique, elle est impuissante à détruire l'âme.

Écoutez Lamartine :

> Je te salue, ô mort, libérateur céleste !
> Tu ne m'apparais point sous cet aspect funeste
> Que t'ont prêté longtemps l'épouvante et l'erreur.
> Ton bras n'est point armé d'un glaive destructeur.
> TU N'ANÉANTIS PAS, tu délivres... (1).

Pour nous, chrétiens, la prière faite à l'intention des morts est encore quelque chose de plus. Elle nous rattache aux premières traditions du genre humain, gardées dans leur intégrité par le peuple d'Israël ; conservées en partie, bien que souvent altérées et défigurées par l'antiquité païenne ; reprises et à jamais consacrées par l'Église catholique.

Pour quelles raisons, dans sa liturgie qui renferme souvent l'expression de ses maternelles sollicitudes à notre égard, l'Église fait-elle une si large place à la prière qui recommande à la miséricorde divine les âmes des trépassés ?

Par là, d'abord, elle nous rappelle que ces âmes peuvent avoir besoin d'assistance et de soulagement. Si l'on y veut réfléchir, rien n'est philosophique, rationnel, compatissant à l'humaine faiblesse comme le dogme du purgatoire. En effet, que dès leur sortie de ce monde, des âmes soient trouvées dignes d'être admises immédiatement à ce que nos Écritures

(1) LAMARTINE, *Méditations*, *l'Immortalité*.

appellent « la commensalité avec Dieu, *contubernium Dei* (1) »,
c'est un degré de perfection dont une élite seule peut être ca-
pable.

Le plus souvent, avec un fonds de vertus incontestables et
de mérites acquis, il reste dans les meilleurs un certain alliage
dont il faut absolument qu'ils se débarrassent avant d'être mis
en possession du Bien suprême, de l'infinie beauté et pureté
du Dieu trois fois saint. Sévérité nécessaire, qui fait honneur
tout à la fois à Dieu et à l'homme! Mais sévérité singu-
lièrement tempérée par cette croyance bienfaisante que les
prières et les bonnes œuvres des vivants peuvent être secou-
rables à ces âmes, adoucir et abréger pour elles l'indispensable
expiation.

Un autre motif démontre encore la supériorité de la prière
sur le souvenir d'ordre simplement humain. Grâce à elle, s'éta-
blit entre nos morts et nous, par une mutuelle rencontre au
sein de Dieu, un commerce de relations mystérieuses, mais
réelles, saintes, consolantes, qui adoucissent « l'amère sépara-
tion (2) » et permettent d'attendre avec plus de patience la
joie du revoir éternel.

Toutes ces vérités, Messieurs, sont renfermées dans la
parole de nos Écritures : *Sancta et salubris est cogitatio pro
defunctis orare, ut a peccatis solvantur* (3).

Ce n'est pas tout; et vous me permettrez de mettre en relief
un autre inappréciable avantage qui découle directement
de la prière pour les morts. Il consiste en ce qu'elle donne
aux vivants un avertissement des plus utiles, un enseignement très pratique, et, si je voulais parler le langage du
jour, la plus éloquente et la plus expressive des « leçons de
choses ».

Assurément, il n'y a pas de vérité plus connue, plus banale,
que la nécessité de mourir imposée à tous les hommes. Mais il

(1) Sap. viii, 3.
(2) Siccine separat amara mors? (I Reg, xv, 46.)
(3) II, Mach. xii, 46.

y a une circonstance dans laquelle cette vérité si rebattue devient tout d'un coup d'une terrible originalité. C'est lorsque, au lieu de concerner le genre humain, pris dans son ensemble, elle s'adresse à nous personnellement, nous prend directement à partie, nous notifie à brève échéance que le moment décisif est arrivé.

Que l'on me dise ce que tant d'autres ont entendu avant moi : tous les hommes mourront ; je ne prête qu'une attention distraite à cette proposition de sens commun et d'universelle expérience. Elle ne m'émeut pas beaucoup. Peut-être même me laisse-t-elle complètement indifférent. Il en va tout autrement si, passant du général au particulier, je suis mis, pour tout de bon, en face de la sommation catégorique formulée par notre Évangile : « Insensé, tu ne songeais qu'à tes affaires, à tes succès, à l'augmentation de ta fortune, à l'acquisition de nouveaux honneurs. Tu comptais jouir en paix de tous ces avantages, t'établir en paix sur la terre et t'y enraciner. Or, dans quelques heures, cette nuit même, ton âme te sera redemandée (1). »

L'acte de religion qui nous porte à prier pour nos morts nous oblige à nous mettre très sérieusement en face de l'inéluctable éventualité. Nous nous répétons alors à nous-mêmes l'avertissement que l'Église nous adresse lorsque, par un symbolisme très significatif, elle jette sur nos têtes un peu de cendre et nous rappelle la sentence portée contre nos premiers parents : « O homme, souviens-toi que tu es poussière et que tu retourneras en poussière : *Memento homo quia pulvis es et in pulverem reverteris.* »

Par la bouche de Socrate, la sagesse antique avait dit : « Philosopher, c'est apprendre à mourir (2). » On peut très bien retourner les termes de cet axiome. Oui, celui qui apprend à mourir pratique ce qu'il y a de plus élevé, de plus libérateur, de plus utile dans la philosophie.

____

(1) Stulte, hac nocte, animam tuam repetunt a te. (Luc. xii, 20.)
(2) Platon, *le Phédon.*

Messieurs et chers Confrères,

Quand saint Paul parlait devant les beaux esprits de l'aréopage d'Athènes, il lui fallait s'autoriser d'une inscription qu'il avait lue sur un des autels dressés au milieu des places publiques de la cité et faire appel au « Dieu inconnu (1) » pour initier des auditeurs, à la fois très intelligents et très ignorants, à la plus nécessaire des sciences, celle qui traite de Dieu, de son existence et de ses attributs, de ses droits et des devoirs des hommes envers Lui.

Plus heureux que l'Apôtre, en ce jour où j'ai l'honneur de m'adresser à l'aréopage intellectuel de la France, je n'ai point eu à m'attarder à ces démonstrations préliminaires qui sont comme le portique lointain conduisant au temple de la Vérité. Dès mes premières paroles, j'ai pu m'installer hardiment dans le sanctuaire des dogmes fondamentaux de notre foi chrétienne et avoir bien moins à instruire mes auditeurs qu'à partager avec eux les réflexions qui découlent de ces austères mais salutaires enseignements, et inspirent la résolution d'user le mieux possible du bienfait de la vie présente, afin de pouvoir affronter avec sécurité le mystère de la mort.

II

Parmi les confrères auxquels nous rendons aujourd'hui ces devoirs de pieuse charité, il en est un, Messieurs, dont vous me reprocheriez de ne pas saluer le nom si justement cher :

A la science et à la France qu'il a tant honorées ;

A l'humanité, qui le proclame un de ses plus insignes bienfaiteurs ;

A la cause du spiritualisme chrétien, que sa vie, ses travaux, sa mort auront si efficacement servie.

(1) *Actes des Apôtres*, xvii, 23.

Il n'y a pas encore quatre semaines que Dieu nous reprenait Louis Pasteur, et déjà sa gloire a cette ampleur et cette solidité qui sont d'ordinaire l'œuvre des siècles.

Un jour qu'il louait Jean-Baptiste Dumas devant l'Académie française, Pasteur avait cité ce mot prononcé par Arago lorsque l'illustre Cuvier avait disparu de nos rangs : « Cette mort nous a tous diminués. »

Combien cette parole est plus vraie encore de celui dont l'Institut de France et tout le monde savant portent le deuil!

Quelle perte que celle de cet homme de génie que, depuis quarante ans, on voyait aller de victoire en victoire et se faire, au sein de la nature, un domaine bien plus vaste et surtout bien plus durable que les empires des conquérants les plus fameux!

Oui, vraiment, il s'était établi en souverain dans ces régions immenses et si peu explorées avant lui, où se meuvent ces myriades d'infiniment petits dont ces intuitions, servies par la méthode expérimentale la plus rigoureuse, ont mis en pleine lumière les lois organiques, les propriétés, les aptitudes et les fonctions providentielles, l'influence incontestée sur la vie et sur la mort des autres êtres !

Et ce qu'il y a d'admirable dans les travaux et dans les découvertes de Pasteur, c'est qu'il s'y est montré l'imitateur et le disciple de cette Providence infiniment puissante et sage dont saint Augustin nous dit qu'elle n'a permis l'existence du mal dans le monde que parce qu'elle savait d'avance en devoir tirer un plus grand bien (1). Ainsi a fait ce dompteur des virus, qui, jusqu'à lui, passaient pour être d'irrésistibles germes de mort. Il les a conquis. Il les a forcés de guérir eux-mêmes le ma dont leur constitution recélait le principe. Entre ses mains habiles, énergiques, patientes, ils sont redevenus des agents de vie et de résurrection.

Mais je n'irais qu'à moitié chemin de la vérité, si je me bor-

(1) Melius judicavit de malis benefacere quam mala nulla esse permittere. (S. AUG. *Enchiridion*, c. 27.)

nais à dire que sa mort nous a diminués. Je ne crois pas faire une antithèse paradoxale si j'envisage cette mort sous un autre point de vue et si j'affirme qu'elle nous a grandis.

Comment cela?

Voici ce que disait Lamartine en 1848 : « La plus belle attitude de l'homme, c'est de se tenir debout devant ses semblables, à genoux devant Dieu. »

Un peuple, comme un individu, s'honore et se grandit quand il rend courageusement hommage à la vérité.

Or, trop souvent, depuis vingt-cinq ans, nous nous étions rapetissés, amoindris devant les nations civilisées, parce que nous les autorisions à penser que le souffle du positivisme athée avait à tout jamais éteint l'àme spiritualiste et chrétienne de la France.

La mort et les funérailles de Pasteur ont prouvé de la façon la plus éclatante qu'il n'en était rien. Nous avons redressé la tête devant le monde en même temps que, derrière ce grand homme, nous fléchissions les genoux devant Dieu.

Quel enseignement, Messieurs! — enseignement national et populaire, s'il en fut jamais, donné à la France par le spectacle incomparable dont Paris était le théàtre le 5 octobre dernier, quand vous conduisiez à Notre-Dame les restes de notre confrère! Quelle muette, mais éloquente prédication, accessible aux plus humbles comme à ceux qui tiennent le premier rang dans les sphères intellectuelles! Ce savant — le plus grand savant du siècle — s'est humilié aux pieds du Crucifix; il a sollicité, il a reçu les pardons, les sacrements, les bénédictions de l'Église! Aussi, de ce cercueil escorté par vous tous, Messieurs, porté en triomphe au milieu d'une foule où se voyaient, près du chef de l'État, tous les représentants de la puissance publique, s'échappait un saisissant *Credo* qui a retenti jusqu'aux dernières frontières du pays, et plus loin encore, par delà les continents et les mers, et a été compris du monde entier. Il n'a pas été passé sous silence par l'orateur qui, parlant au nom du gouvernement, a rendu un bel hommage à Pasteur sur le parvis de la vieille basilique (1). *Credo in Deum, Patrem Omnipotentem Creatorem cœli et terræ! Credo in Jesum Christum! Credo in vitam æternam.*

C'est ainsi que, après sa mort comme pendant sa vie, Pasteur aura passé au milieu des hommes en leur faisant du bien : *Pertransiit benefaciendo* (2).

Je m'en voudrais de ne pas signaler, au moins en quelques mots, un autre service dont nous lui sommes redevables.

Je ferai comprendre ma pensée en répétant ici ce que je disais, il y a peu de jours, à propos de la glorieuse issue de notre expédition de Madagascar et de la joie patriotique ressentie par tous les Français en apprenant que Dieu avait couronné les travaux, la patience, les souffrances, le courage de nos vaillants soldats. Je saluais dans cet heureux événement une de ces circonstances « où les dissentiments s'apaisent ; où les cœurs se sentent battre à l'unisson ; où des millions d'âmes vibrent comme une seule âme ! »

Oh! Messieurs! la paix, l'union, la concorde entre les frères! Mais la paix dans la vérité, dans la justice, dans le respect de tous les droits et de toutes les libertés respectables.

La paix et la concorde, afin de redevenir forts ; d'être capables de réaliser l'idéal proposé par Dieu à l'humanité et si bien exprimé dans cette belle prière :

« O Père, qui avez donné à vos enfants ce globe pour le cultiver, faites que, de même qu'ils n'ont qu'une seule demeure, ils n'aient aussi qu'un seul cœur et qu'une seule âme. »

Quand donc prendront fin parmi nous les querelles qui nous divisent, les conflits qui nous affaiblissent ?

Qui nous donnera de voir se grouper en un seul faisceau toutes les forces vives de notre pays pour les conquêtes pacifiques de la science sur les forces encore inexplorées de la nature ; de la civilisation sur les iniquités qui sévissent encore

---

(1) Discours prononcé par M. Poincaré, ministre de l'Instruction publique. (Voir le *Journal officiel* du 6 octobre, p. 5862.)

(2) Act. Ap. x, 38.

dans le monde, comme l'esclavage ; de la justice, unie à la charité, sur les misères sociales dont nous traînons le lourd et
dangereux fardeau?

Tel est assurément, Messieurs et chers Confrères, le désir
patriotique de vos âmes. C'est aussi, vous le savez, le vœu
continuel et très ardent du grand Pape qui domine de si haut
toutes les agitations de ce monde et ne cesse de nous adresser
des paroles de sagesse et de paix. Vous n'ignorez pas en quelle
estime il tient les lettres, les sciences, les arts et leur application au progrès moral et social des peuples. Léon XIII n'a pas
voulu demeurer étranger aux fêtes de notre Centenaire. En
témoignage de sa bienveillance, il m'a délégué pour donner en
son nom la Bénédiction apostolique. Je vais monter à l'autel et
m'acquitter de cet honorable mandat.

Avec vous, Messieurs, je bénirai vos familles. Plus loin que
vous, je bénirai ce cher pays de France, dont nous sommes fiers
d'être les fils et à qui, du fond le plus intime de nos cœurs, nous
souhaitons toute grandeur, toute gloire, toute prospérité.

A la fin de la cérémonie la bénédiction pontificale a été
donnée par Monseigneur l'évêque d'Autun.

IMPRIMÉ

PAR

FIRMIN-DIDOT ET CIE

56, rue Jacob, 56

PARIS

ÉM. PAUL, L. HUARD ET GUILLEMIN
LIBRAIRES DE LA BIBLIOTHÈQUE NATIONALE
ANCIENNES MAISONS SILVESTRE ET LABITTE
28, rue des Bons-Enfants, Paris

En Souscription, pour paraître le 15 Janvier 1893 :

LES
RELIEURS FRANÇAIS

(1500-1800)
BIOGRAPHIE CRITIQUE ET ANECDOTIQUE

PRÉCÉDÉE

DE L'HISTOIRE DE LA COMMUNAUTÉ DES

RELIEURS ET DOREURS DE LIVRES DE LA VILLE DE PARIS

ET D'UNE

ÉTUDE SUR LES STYLES DE RELIURE

PAR

ERNEST THOINAN

Beau volume in-8 raisin de VIII-412 pp., orné de nombreuses illustrations dans le texte
et d'un ancien plan de Paris hors texte.

L'important ouvrage que nous annonçons, fruit de minutieuses recherches, était attendu avec impatience par les bibliophiles, les bibliothécaires, les libraires et les relieurs parisiens. On savait que M. Thoinan explorait depuis de longues années les bibliothèques publiques ou particulières, les Archives nationales, les études des notaires, en un mot tous les dépôts où il croyait avoir quelque chance de découvrir des documents sincères, d'après lesquels il pourrait établir avec certitude la vie des artistes, auteurs de ces merveilleuses reliures tant recherchées de nos jours dans tous les pays. — N'est-il pas prouvé, en effet, que malgré l'apparition récente d'un certain nombre de volumes sur la Reliure, son histoire n'est pas mieux connue qu'elle ne l'était avant ces publications ?

L'ouvrage de M. Thoinan, c'est certain, vient donc combler une grande lacune et répondre aux aspirations de tous les amis du livre.

Son travail est absolument différent, par les éléments qui ont servi à le composer, du système adopté jusqu'à présent par ceux qui ont traité cet intéressant sujet ; c'est un livre de bonne foi, ne s'appuyant que sur des documents authentiques, recherchés, nous le répétons, longuement, avec persévérance et retrouvés parfois avec bonheur ; son auteur n'admet jamais que des renseignements sûrs, n'a nullement la prétention de tout approfondir et s'en remet modestement au temps pour amener l'explication des points, *assez rares du reste*, que ses recherches ne lui ont pas permis d'élucider entièrement.

Les Relieurs Français forment donc un ouvrage sérieux et tout à fait nouveau ; aussi le recommandons-nous, avec confiance, non seulement aux bibliophiles, aux libraires et aux relieurs du monde entier, mais encore aux bibliothécaires placés à la tête des grandes bibliothèques publiques de la France et de l'Étranger. — Les belles reliures ne sont-elles pas désormais une branche justement appréciée de la bibliophilie ? — Tous trouveront dans le livre de M. Thoinan des données instructives aussi précieuses par leur intérêt et leur nouveauté que par leur exactitude. Nous insistons d'autant plus que nous avons la conviction qu'une fois connu et apprécié à sa juste valeur, notre volume sera considéré comme indispensable aux amateurs et aux travailleurs et qu'il aura sa place marquée à côté des plus grands travaux bibliographiques du siècle.

Nous n'avons rien négligé pour en faire un livre utile et agréable : l'impression en est très soignée, de nombreuses illustrations, reproduisant des documents toujours très curieux, ornent le texte ; en un mot, nous nous sommes imposés les plus grands sacrifices pour faire de ce livre un véritable monument élevé à la gloire de la Reliure.

L'ouvrage est divisé en trois parties :

Dans la première, consacrée à l'Histoire de la Communauté des Relieurs et Doreurs de livres de la Ville de Paris, on trouve des détails curieux et du plus haut intérêt sur la condition et les mœurs des artisans, depuis le xv⁰ siècle jusqu'à la fin du xviii⁰, ainsi que sur le vieux Paris ; les *Parisistes* y trouveront donc à recueillir bien des particularités ignorées jusqu'ici. Des figures diverses, reproduisant des monuments aujourd'hui disparus, des plans d'anciens quartiers de Paris, etc., complètent le texte et permettent au lecteur de se faire une idée exacte des lieux et des choses dont il est parlé.

La seconde partie, consacrée à une étude raisonnée des styles de reliure, nous montre les diverses transformations de cet art ; trente et une figures à pleine page donnent la reproduction exacte des compositions des diverses époques, choisies parmi les plus typiques et les plus propres à appuyer la démonstration du texte.

Enfin, dans la troisième partie, la plus importante de l'ouvrage, l'auteur donne les biographies assez étendues des artistes les plus connus et fournit des dates établissant les époques auxquelles vécurent plus de 1 700 relieurs parisiens et autres. — Imprimée à deux colonnes, elle est ornée de figures reproduisant des documents divers et contient en outre des fac-similés de signatures, des tableaux généalogiques, etc.

CONDITIONS DE LA SOUSCRIPTION

Ce volume, imprimé avec luxe par MM. Chamerot et Renouard, a été tiré *strictement* à 650 exemplaires numérotés à la pressse, savoir :

Nos 1 à 20. — 20 exemplaires sur papier des manufactures impériales du Japon. . 80 fr.
— 21 à 100. — 80 exemplaires sur papier vélin du Marais. . . . . 60 fr.
— 101 à 650. — 550 exemplaires sur beau papier vélin mécanique . . . . 30 fr.

Les cent premiers exemplaires ont été tirés de format in-4°, de façon à pouvoir être illustrés de planches de reliures.

AVIS IMPORTANT

La souscription sera close le **20 Décembre** prochain. A partir de cette époque les exemplaires sur papier ordinaire seront portés à **40 francs**; et ceux sur grand papier : à **80 francs** le papier vélin et **100 francs** le papier du Japon.

BULLETIN DE SOUSCRIPTION

Je soussigné déclare souscrire à .... *exemplaire* *sur papier* ....

au prix de .... *francs à l'ouvrage les* **Relieurs français**.

.... *le* 189

SIGNATURE :

Adresse du Souscripteur : ....

Bulletin à retourner **avant le 20 Décembre** à MM. **ÉM. PAUL, L. HUARD et GUILLEMIN,** Libraires de la Bibliothèque nationale, 28, rue des Bons-Enfants, Paris.

ÉM. PAUL, L. HUARD ET GUILLEMIN

LIBRAIRES DE LA BIBLIOTHÈQUE NATIONALE

ANCIENNES MAISONS SILVESTRE ET LABITTE

28, rue des Bons-Enfants, Paris

En Souscription, pour paraître le 15 Janvier 1893 :

LES
RELIEURS FRANÇAIS

(1500-1800)

BIOGRAPHIE CRITIQUE ET ANECDOTIQUE

PRÉCÉDÉE

DE L'HISTOIRE DE LA COMMUNAUTÉ DÈS

RELIEURS ET DOREURS DE LIVRES DE LA VILLE DE PARIS

ET D'UNE

ÉTUDE SUR LES STYLES DE RELIURE

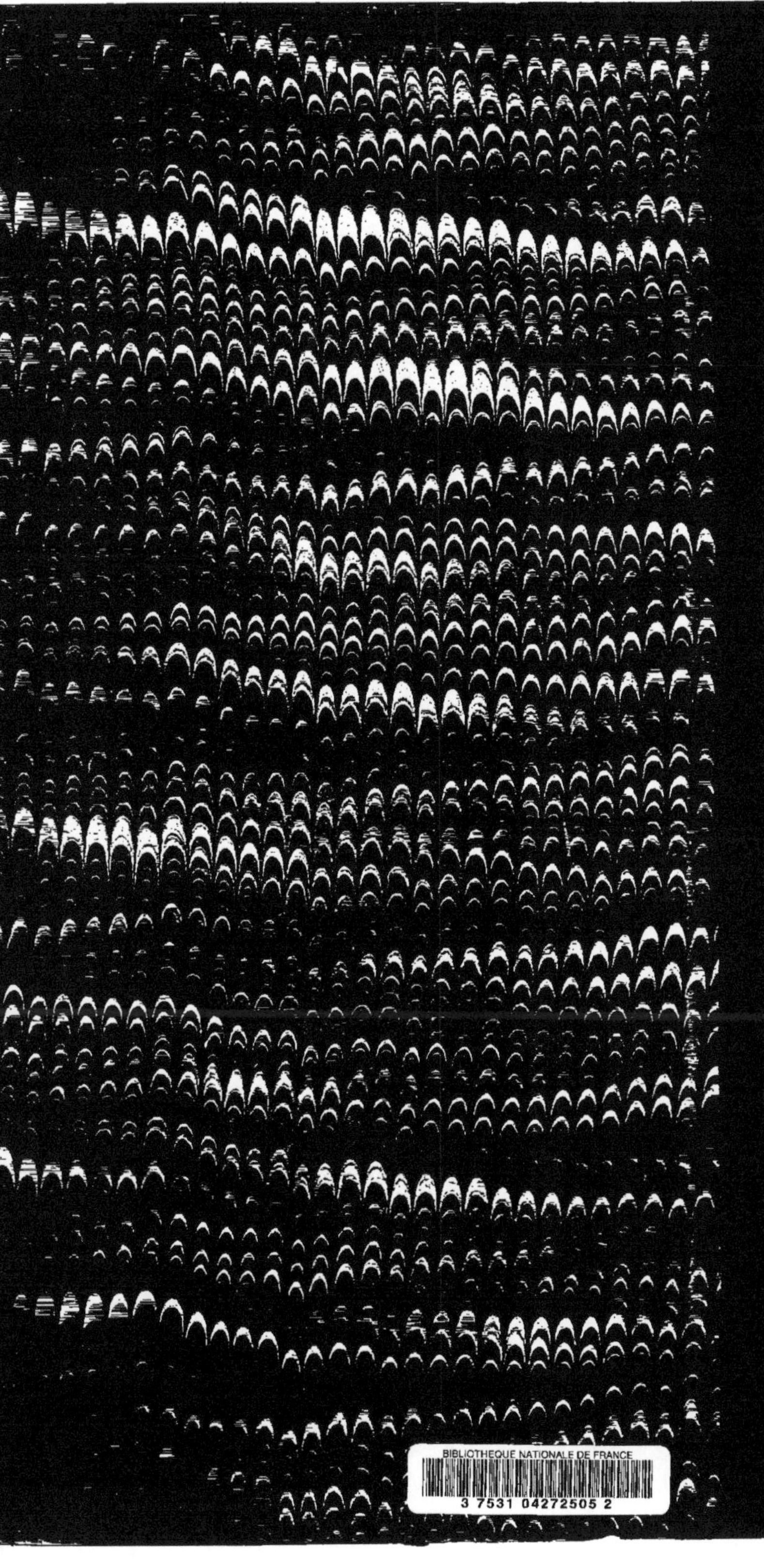